◆ 青少年成长寄语丛书 ◆

扬起帆，让风为你服务

◎战晓书　编

吉林人民出版社

图书在版编目(CIP)数据

扬起帆,让风为你服务 / 战晓书编 . -- 长春:吉
林人民出版社,2012.7
(青少年成长寄语丛书)
ISBN 978-7-206-09141-4

Ⅰ.①扬… Ⅱ.①战… Ⅲ.①学习方法－青年读物②
学习方法－少年读物 Ⅳ.①G791-49

中国版本图书馆CIP数据核字(2012)第150813号

扬起帆，让风为你服务

YANG QI FAN, RANG FENG WEI NI FUWU

编　　者:战晓书
责任编辑:刘　学　　　　　　　封面设计:七　洱
吉林人民出版社出版 发行(长春市人民大街7548号　邮政编码:130022)
印　　刷:北京市一鑫印务有限公司
开　　本:670mm×950mm　　　　1/16
印　　张:13　　　　　　字　　数:150千字
标准书号:ISBN 978-7-206-09141-4
版　　次:2012年7月第1版　　　印　　次:2023年6月第3次印刷
定　　价:45.00元

目 录
CONTENTS

目 录
CONTENTS

目 录
CONTENTS

目 录
CONTENTS

人，应当为自己而活着

　　巴尔扎克笔下的葛朗台老头，是一个世界著名的吝啬鬼形象。其实，在商言商，在小说《欧也妮·葛朗台》中，作为一个在当地竞争十分激烈的葡萄酒业的商人，葛朗台老头IT市场投机，精于尔虞我诈，最终挫败同样"唯利是图"的同行，成为一个巨富。这一过程说到底，不过是一个小商人暴富的发家史，无可厚非，也不值得多加褒贬。但他的可悲之处在于，赚钱原本应是其人生的手段，而他却视为人生目的。不仅为赚钱舍弃了自己的全部人生乐趣，更割断了与妻子、女儿以及社会的各种情感联系，使自己成了一只丧失人性、丧失情感、拥有上千万金币的看门狗。

　　虽然议论起来，无人不说葛朗台老头可鄙，但事实上，世界各国、年年代代，他还都后继有人。即以我国前不久刚结束处置的原某贪而言，就活脱脱也是一个中国当代葛朗台。他一上任就拼命"搂钱"，以平均"日收万金"的速度大肆贪污受贿，不几年便拥有了3000多万不义之财。然而，他不仅日常表现得清苦穷酸，对人刻薄吝啬，甚至亲生母亲重病在身，他都不肯掏钱为其治病。直到东窗事发，上了刑场送掉性命。他渴望能与金钱长相厮守，于是向死神"自卖自身"，换来的，只是为巨额财富当几年"代管员"，自己就匆匆地消失了。

至于第二类诱惑，有时虽不像第一类诱惑那么感性、具体，但它表现为一种精神渗透，表现为一种对人的自然本性的压抑。

俄国作家托尔斯泰在《安娜·卡列尼娜》中塑造了卡列宁这一形象。作为安娜的丈夫，他直到35岁，并升任了"省部级"的长官之职后，才与比自己小15岁的安娜结婚，这种"先有事业后有家"的人生安排，未必没有几分值得人们赞赏之处。而他在得知安娜有外遇的实情之后，为了不使离婚给自己的仕途带来不良影响，能够容忍安娜的行为而只要求她不要张扬，其实也可以宽容地理解为"小不忍则乱大谋"的处世原则具体显现。但是，当安娜不愿永久地过"偷情生活"，坚决要求离婚并准备与渥伦斯基结婚时，卡列宁则动用了一切手段，调动了他的全部关系，从多个方面，甚至不让安娜同儿子见面，来打击和摧残安娜，直到迫使安娜葬身于火车轮子的碾压之下。通过小说我们可以看到，在卡列宁的灵魂里，除了一个"官"字，如同癌细胞似的还在蔓延滋生之外，哪里还能够找得到他自己作为一个人所应当具备的情感成分呢？

不仅过分地追逐功名利禄，可能会"窒息人性"，过分地渴求道德名声，有时也可能会使人"丧失自我"。中国古典名著《儒林外史》中，一个名叫王玉辉的老夫子，在自己的女婿病死之后，竟然鼓动女儿绝食自尽以殉夫，来换取一块官方隆重建造的"烈女"牌坊。小说中王老夫子最终还是流下了痛失女儿的眼泪，但令人遗憾的是，时至今日，以"脸面不好看"为由干涉子女婚姻自由的事件屡见不鲜。这种以牺牲别人的幸福换自己"道德"的圆满的做法，与王玉辉所为何异？这样做，人性何在？

人应当为自己好好活着，这句话真要做到，确实很不容易。一个"名"字，一个"利"字，口头上斥其为"身外之物"，谁都不难做到，但实际上，由于它对每一个人的现实生存与理想发展都具有重大影响，所以为人们所时时渴求。而只要一旦"渴求过度"，就难免有人会"忘掉自己"，而变成了为票子、房子、车子、儿子、裙子……而活着，为脸面、名气、声望、官位、职称……而活着。甚至不惜以生命为赌注，去博取这些"生不带来，死不带去"的"身外之物"。

当然，在人类几千年的文明史上，早有无数前辈为我们"应当如何活着"作出了光辉榜样。司马迁、玄奘、牛顿、爱迪生、肖邦、莫扎特、瞎子阿炳、徐霞客……他们的自然寿命各有长短，但他们在人生途中，不受利诱，不为名累，甚至终生都处于"无名无利"的清苦与寂寞之中，却能目不斜视，心无二用，将生命的分分秒秒都投入了自己选定的人生目标追求之中，并最终实现了自己人生的最大值，在"为自己好好活着"的同时，也为这个世界留下了一个个永恒不灭的闪光亮点，一座座巍然屹立的人格丰碑！

　　朋友啊，莫道来日方长，转眼就是百年，莫道生命苦短，寸金难买寸光阴，为自己好好地活着吧！

（刘博奎）

迁　怒

　　自己受了气却跟别人生气，或者受了甲的气地却拿乙出气，就叫迁怒。

　　迁怒是懦弱、狭隘的代名词。因为没有勇气承受委屈，所以反施于人；因为没有度量消减委屈，所以转嫁于人。

　　迁怒的人多盲目施怒；被迁怒对象多莫名其妙。

　　迁怒愈多树敌愈多，你受了不该受的气，拿别人出气，那么别人受了你不该发的气，又该找谁出气呢？结果只能积怨，积怨便是树敌。四面树敌则愈多受气，如此恶性循环。

　　迁怒愈重亦自残愈重。在某种意义上说，迁怒确是一种自虐自残行为。迁怒于别人，却并未真正解脱自己，或者说，反而使自己更深地陷入困窘。

　　消怨泄怒最好自宽自解，别拿别人出气。乘人之危

　　乘着别人危急之时侵害别人，是一种卑劣。卑劣是卑劣者的墓志铭，它给别人留下了永难抹去的伤痕，也给自己刻下了永难抹去的耻辱。

乘人之危无非是两种动机。一种是置人于死地，一种是自己捞一把。置人于死地多出自复仇与嫉妒心理，自己捞一把多源自贪婪与阴私。

千万不要乘人之危，假如你还算条汉子。

何况，乘人之危的另一种后果是惹火烧身。想置人于死地，反把自己推到绝壁，想大捞一把，反让更多的人失去了曾有的好感。之所以有人乘人之危，是因为也有人因此而如愿以偿。因乘人之危而如愿以偿，最终只会是更大更惨地失去。

我主张成人之美，不乘人之危。我主张在人危急之时伸出救援之手，而不是甩手而去。我想，成人之美本身就是一种美丽，乘人之危最终却会陷入一种窘境。

给高尚以尊贵的位置

法国银行大王恰科年轻时，曾有一次到一家银行找工作，被拒绝后他垂头丧气地往外走。在大门口他发现地上有根大头针，怕扎伤别人，他马上把它拾了起来，丢进垃圾桶里。出人意料的是，第二天银行的录用通知书来了。原来恰科弯腰拾大头针时，恰好被董事长看到了。董事长认为如此有责任心、如此细心的人，很适合做银行职员。

20世纪80年代初，香港金利来公司为内地某报社组织的一次活动提供赞助，奖品是金利来领带。活动结束后，报社负责发放领带的罗小姐把剩下的三根领带交还给金利来公司，这让总裁曾宪梓先生非常感动。几年后，金利来公司准备进入内地市场，曾先生毫不犹豫地聘请了罗小姐做分公司总经理。

恰科和罗小姐都是非常高尚的，然而那位法国银行董事长和曾宪梓先生给高尚以尊贵位置的行为同样值得我们敬佩。他们这样做的结果是，不仅能够使高尚走得更远，而且自己也因此变得高尚起来，还能使自己的事业之路变得更宽更广。

如果说那位法国银行董事长和曾宪梓先生的给高尚以尊贵位置还有一些出于利益方面的考虑，那么有一些纯粹属于精神层面的高强度付出更令人敬佩。

有一个孩子从小家境贫寒，是省城一对普通工人夫妇资助他念完中学、大学。然而当这个孩子念到大三时，那对夫妇双双下岗，生活非常困难，到了他读大四时，那家的男主人又患了肾衰症，每个月都要花去大把的医药费。尽管如此，那对夫妇仍未停止对这孩子的资助，借债帮他完成了学业。这位当年的孩子大学毕业参加工作以后，那对夫妇的生活已陷入绝境，于是大学生毅然辞去了不错的工作。因为凭他现在每月挣的工资，根本无法回报那对夫妇。这位大学生托关系到日本去打文化工，将挣的钱全部寄回给那对夫妇，后来那家的男主人成功地进行了换肾手术，生活也逐渐走上了正轨。

给予别人的高尚以尊贵的位置首先是以理解、感动为前提的，很难设想一个时刻以自我为中心的人会欣赏别人的高尚并进而采取回报的行动；给高尚以尊贵位置还需要责任感，如果我们不能善待别人的高尚行为，甚至利用它来满足个人的私欲，不能让坚持高尚的人活得好些，那么这高尚就一定会后继无人。

生活就像一片土地，土地需要美丽需要收获，土地的美丽与收获来自付出与珍重。只有人人高尚，人人懂得给别人的高尚以尊贵的位置，我们才能永远拥有生命的春天。

（游宇明）

丑不是问题

有一个左脸颊长着一块巴掌大绛紫色胎记的女孩，因为长得丑，自认为不招人喜欢。丑女孩总是藏头掩面，留着很长的头发不算，而且即使夏天也围着块纱巾。如此显眼的打扮在人丛中格外醒目，背后的指指点点也就总没有销匿的一天，丑女孩自卑得要命，心情晦暗，觉得自己这一生完了，找不到好工作，也不会有爱情，女孩就真的很不顺，干工作不久就会被辞退，总是为找新工作而不停地奔波，历尽辛酸和波折。丑女孩很伤心，嗟叹爹妈把自己生得太丑。

那天丑女孩到一家保险公司应聘，内心祈祷着好运降临，对自己却又没有一点信心，矛盾重重的丑女孩在经理面前显得卑怯而拘谨。经理大约四十多岁，有一双沉着而善意的眼睛，他看了看刻意用长发遮住验部胎记的女孩说："你根本无须遮掩自己，要么不来，既然来与门外的那么多人竞争，那就该大胆充分地表现自己。"丑女孩怯怯地稍稍抬起头挺起胸，比先前显得精神了些，经理又摇了摇头说："对自己没有信心，比别人如何看待你更可怕。"丑女孩怔了怔，刚才还目光躲躲闪闪的她，鼓起勇气直视经理。经理接着说："在我看来你和别的年轻人一样，没什么不同，反倒是你的畏怯纵容了别人对你的评价。"

那次面试中丑女孩根本没有机会开口，因为经理只对她说了这三句话就结束了面试，丑女孩觉得没有机会了，但没想到自己竟被录取了，女孩又看到了经理，那双眼睛使她感到了浓浓的暖意。女孩也深深记住了经理那三句话，她去掉了纱巾，尝试着改变发型，不再用长发刻意遮掩。渐渐的女孩发现其实人人都在忙碌着自己的事情，注意自己往往只是一瞬；而且自己真的大胆去展示，别人也就见多不怪了。丑女孩待人接物开始自信起来，也变得爱笑了。心态一改变，女孩天性中的朴实、友善、热情、大方和真诚很自然就展现了出来，日渐赢得了赞誉，赞誉又使女孩更加明朗自信。女孩终于悟出了：要想改变命运，就得先战胜自己。

几年以后女孩获得了成功，她的业务量与日俱增，很长时间竟找不到旗鼓相当的对手。女孩惊人的业绩博得了公司的嘉奖，被提升为经理。而当初主张录用女孩的那位经理则被晋升为总公司的副总经理。因为不势利无偏见，给了别人一个机会，自己也因此获得了一个机会，那位堪称"伯乐"的经理无疑也是成功的。

如今那位女孩相貌依旧，但她的人品、气质、成绩弥补了这一缺憾。曾有人建议女孩去做激光手术，没想到女孩回答说："为什么要整容呢？我现在的相貌正是我的财富，它时刻提醒我该怎样做才能真正改变命运。"丑女孩接着又幽默地说："这也便于人们直观地记得我，对我的印象深刻。"说完女孩开朗地笑了。

（雨岩）

石头不会抱怨

　　朋友大张摔伤了腿，我赶到医院时，见他正倚在病床上，右腿伸得绷直，膝盖那儿打着很粗的石膏。一问，说是膝盖骨给摔碎了。

　　大张咧着嘴，对我直喊"倒霉"："下雨那天晚上，我在乡下一位朋友家做客，酒喝得'大'了些，趔趔趄趄出来小解，回去时，门前的水坑里有两块垫脚石，身体一摇晃，就滑倒了，膝盖正好磕在另一块石头上。都是那块该死的石头，害得我好惨！……"大张嘟嘟囔囔地说着。我劝他说：伙计，要怨只能怨你酒灌得太多了，不该抱怨石头，垫脚石有啥错？确实，垫脚石没有错。它只是在尽心尽力地帮助你的尊脚免于受苦，帮你步入高爽之处，帮你走向安适快乐，但是，并没有多少人感觉到它的存在，感觉出它的意义。因为它太平凡，太不起眼儿：有些人在"垫脚石"上发生意外时，甚至会把它当作"绊脚石"，对它怨恨、诅咒、叫骂。不过，石头并不理会这些，它仍然倔强地坚守着自己的阵地。

　　这使我想到了人生路上的另一种"垫脚石"——挫折。一个人在漫长的人生之路上不知要遭受多少挫折。正是这些挫折才启迪了人的智慧，增进了人的才干，锤炼了人的意志，并为后来人留下了醒目的路标，拉响了声声警铃。生活、工作、学习上遇到挫折是常事，经验告诉人们：战胜了挫折，渡过了逆境，人就有了新的收获，就会上升到一个新的高度，甚至眼前会出现一片"灿烂"。挫折不是"绊脚石"，它不正是帮你上升、助你成功的"垫脚石"吗？

凡挫折无疑会使人受到一定程度的打击或刺伤，它有时如兜头一瓢冷水，有时如盖顶一声棒喝，有时如响亮一记耳光，有时如深深一道鞭痕，但它没有错，正如垫脚石没有错一样，它只是在悄悄地帮你免遭大的不幸，走向大的成功。《易经》曰："小惩而大戒，小人之福。"即使是小挫折也往往会使智者受益匪浅：或思路得到启发，或心灵受到震撼，或性情得到磨砺，或对前愆翻然醒悟，从而迷途知返。这就必然会将事业、学识、人生境界大大向前推进一步。"吃一堑，长一智""前车之覆，后车之鉴""亡羊补牢"等等说的都是这个意思。

不过，对于没有思想和操守，以及麻木不仁、意志薄弱的庸人，挫折不仅不是"垫脚石"，而只能成为"绊脚石"。他被重重地绊倒，只会抱怨、哀叹、哭泣，而不知道爬起来。

但石头不理会人们的抱怨，因为它没有错，永远也没有错。譬如我的那位朋友，你摔倒了，该抱怨的是你在醉态中缺乏清醒，没有站稳自己的脚跟！

（杨云岫）

与自己谈心

　　我的朋友岩是一位青年散文家，他的作品屡见于报刊，在读者中有广泛影响。岩说他只在两种情况下记日记：一是在作品发得比较多的时候，这时他会尽力"挖掘"自己的不足，提醒自己不要得意忘形；一是在作品发得比较少的时候，这时他会千方百计地寻找自己写作的优势，告诫自己不要轻言放弃。

　　本地一位商人从事过许多种行业，做什么成什么。一些媒体采访他时，总会好奇地问他之所以百战百胜的原因。这位商人回答说，每年过生日那天，他从不摆酒席，而是把自己关在卧室里，反思一年的经营，总结经验教训，确定来年的发展策略，就这样一步步走到了今天，走出了自己的辉煌。

　　上述两个人之所以能在各自的领域内取得骄人的成绩，原因当然很多，但不可忽视的是，肯定与他们学会了与自己谈心有关。许多有成就的人都懂得与自己谈心的重要性。孔子说："吾尝一日三省吾身。"孔子通过与自己谈心，谈出了一个伟大的思想家和教育家。

　　与自己谈心，是对自己生命仓库的一种盘点，是对自己在人生之路上行走姿态的一种矫正，是对勇气、信念的充电，是生命获得阳光雨露的前提之一。与狂妄的自己谈心，可以使你变得清醒；与自卑的自己谈心，可以使你燃烧起生命的热情；与猥琐的自己谈心，可以使你变得清洁；与忧郁的自己谈心，可以使你重新看到明朗的天……

与自己谈心不需要复杂的技巧，但需要真实地面对外部世界，需要真实地面对自己的心。一位少年因不满母亲的管教，一时意气用事离家出走，最终误入歧途；一位干部面对递过来的红包，面对美女送上来的媚笑，自以为可以瞒天过海，结果东窗事发，断送了太好前程；一位姑娘长得漂亮，却经不起大款的金钱和感情的诱惑，最后落得悲惨结局……每个有思维的人可能都有所谓的与自己谈心，但有些人采用的却是掩耳盗铃的方式，自欺欺人地无视生活的规律，一厢情愿地想做生活的导演，却殊不知每个人都只是生活中的一个角色而已。这样的偏离求真求善求美求实的所谓谈心，即使再有深度、广度，也只能是可耻的算计与卑劣的阴谋，最终落得万人不齿的结局。

一个人要想成为事业的成功者与生活的成功者需要许多条件，许多条件由不得我们自己，需要我们去创造去寻找。但有一个条件则是完全可以由我们自己来把握的，那就是与真实的自己谈心。而且与所需的其他条件相比，与自己谈心更具有开发的价值。一颗种子的萌芽、成长、壮大固然需要气候、土壤等，但谁敢说种子自身的素质不是最重要的呢？学会与自己谈心，实际上就是在培养自己成为一个成功者的内在素质，学会为生命浇水，为幸福播种、为明天铺路。

（游宇明）

锻造柔软

在加拿大魁北克山麓，有一条南北走向的山谷。山谷没有什么特别之处，却有一个独特的景观：西坡长满了松柏、女贞等大大小小的树，东坡却如精心遴选过了的一般——只有雪松。这一奇景异观曾经吸引不少人前去探究其中的奥秘，但却一直无人能够揭开谜底。

1983年冬，一对婚姻濒临破裂而又不乏浪漫习性的加拿大夫妇，准备做一次长途旅行，以期重新找回昔日的爱情。两人约定：如能找回就继续生活，否则就分手。当他们来到那个山谷的时候，天下起了大雪。他们只好躲在帐篷里，看着漫天的大雪飞舞。不经意间，他们发现由于特殊的风向，东坡的雪总比西坡的雪下得大而密。不一会儿，雪松上就落了厚厚的一层雪。然而，每当雪落到一定程度时，雪松那富有弹性的枝丫就会向下弯曲，使雪滑落下来。就这样，反复地积雪，反复地弯曲，反复地滑落，无论雪下得多大，雪松始终完好无损。其他的树则由于不能弯曲而很快就被压断了。西坡的雪下得很小，不少树都没有受到损害。

妻子若有所悟，对丈夫说："东坡肯定也长过其他的树，只不过由于不会弯曲而被大雪摧毁了。"丈夫点头之际，两人似乎同时恍然大悟，旋即忘情地紧拥热吻起来。丈夫兴奋地说："我们揭开了一个谜——对于外界的压力，要尽可能去承受；在承受不了的时候，要像雪松一样弯曲一下，这样就不会被压垮。"

一对浪漫的夫妇，通过一次特殊的旅行，不仅揭开了一个自然之谜，而且找到了一个人生真谛。

弯曲，实质上是柔软的表现；勇于弯曲、善于弯曲，盖为柔软的品质所使然。参天雪松之所以能在迎战暴风大雪中伸屈自如，强韧不垮，主要得益于它本质上的柔软。老子说："天下莫柔软于水，而攻坚者莫之能胜，以其无以易之也。弱之胜强，柔之胜刚，天下莫不知，莫能行。"雪松正以自己柔软的姿态经历了无数风摧雪毁的磨炼，使自己从脆弱走向坚韧，从屠懦走向强壮。这是一种何等精湛的生存艺术！

在人生的旅途上，各种摧折命运之树的暴风大雪常常会不期而至。一个人要想经受住人生风雪的侵袭，就该从雪松抵御大雪的自然景象中汲取生存与发展的艺术，该伸则伸，该屈则屈，该进则进，该退则退，始终从容不迫、游刃有余地绷拉命运之簧，弯而不折，曲而不断。只有这样，才能在严峻残酷的环境中立于不败之地。否则，对于来自方方面面的压力乃至形形色色的欺凌，一味地针锋相对、以刚克强，往往会未出战而身先死，不过是匹夫之勇；恰当地伸屈自如、以柔制刚，常常能历挫折而弥坚强，堪称笑傲人生。

值得指出的是，柔软不是柔弱，不是怯懦；不是趋炎附势，不是阿谀奉迎；不是卑躬屈膝，不是奴颜婢骨；不是在命运的挑战面前退避三舍，不是在困难的障碍面前畏缩不前。如同弯弓为了更有力地射箭、退却为了更勇猛地进攻一样，柔软的关键在于韬光养晦、蓄势待发、坚韧不拔，以柔克刚。这是一种至高至善的人生艺术，必需精心锻造才能成就！

（胡建新）

亲手叩响机遇之门

　　卡罗·道恩斯原是一家银行的职员，但他却放弃了这份在别人看来安逸而自己觉得不能充分发挥才能的职业，来到杜兰特的公司工作。当时杜兰特开了一家汽车公司，这家汽车公司就是后来声名显赫的通用汽车公司。

　　工作六个月后，道恩斯想了解杜兰特对自己工作优缺点的评价，于是他给杜兰特写了一封信。道恩斯在信中问了几个问题，其中最后一个问题是："我可否在更重要的职位从事更重要的工作？"杜兰特对前几个问题没有作答，只就最后一个问题做了批示："现在任命你负责监督新厂机器的安装工作，但不保证升迁或加薪。"杜兰特将施工的图纸交到道恩斯手里，要求"你要依图施工，看你做得如何？"

　　道恩斯从未接受过任何这方面的训练，但他明白，这是个绝好的机会，不能轻易放弃。道恩斯没有丝毫慌乱，他认真钻研图纸，又找到相关的人员，做了缜密的分析和研究，很快他就弄明白了这项工作，终于提前一个星期完成了公司交给他的任务。

当道恩斯去向杜兰特汇报工作时，他突然发现紧傍杜兰特办公室的另一间办公室的门上方写着：卡罗·道恩斯总经理。

杜兰特告诉他，他已经是公司的总经理了，而且年薪在原来的基础上在后面添个零。"给你那些图纸时，我知道你看不懂。但是我要看你如何处理。结果我发现，你是个领导人才。你敢于直接向我要求更高的薪水和职位，这是很不容易的。我尤其欣赏你这一点，因为机会总是垂青那些主动出击的人。"杜兰特对卡罗·道恩斯说。

平庸的人只会等待机遇来敲门。智慧的人则敢于坚定地叩响机遇之门。在现实生活中，我们太想在谦虚谨慎的等待中被伯乐发现，而不愿毛遂自荐走出一片崭新的天地。有时尽管才华横溢，也只能在无谓的等待中消耗殆尽。很多时候，人的失败实际上就是观念的失败，人的悲剧本质上常常是不能超越自我的悲剧。

（马德）

让生命突出重围

　　出生美国的普拉格曼连高中也没有读完，却成为一位非常著名的小说家。在他的长篇小说授奖典礼上，有位记者问道：你事业成功最关键的转折点是什么？大家估计，他可能会回答是童年时母亲的教育，或者少年时某个老师特别的栽培。然而出人意料的是，普拉格曼却回答说，是二战期间在海军服役的那段生活：

　　1944年8月一天午夜，我受了伤。舰长下令由一位海军下士驾一艘小船趁着夜色送身负重伤的我上岸治疗。很不幸，小船在那不勒斯海湾迷失了方向。那位掌舵的下士惊慌失措，想拔枪自杀。我劝告他说：你别开枪。虽然我们在危机四伏的黑暗中飘荡了四个多小时，孤立无援，而且我还在淌血……不过，我们还是要有耐心……说实在的，尽管我在不停地劝告着那位下士，可连我自己都没有一点信心。但还没等我把话说完，突然前方岸上射向敌机的高射炮的爆炸火光闪亮了起来，这时我们才发现，小船离码头不到三海里。

　　普拉格曼说：那夜的经历一直留在我的心中，这个戏剧性的事件使我认识到，生活中有许多事被认为不可更改的不可逆转的不可实现的，其实大多数时候，这只是我们的错觉，正是这些"不可能"才把我们的生命"围"住了。一个人应该永远对生活抱有信心，永不失望。即使在最黑暗最危险的时候，也要相信光明就在前头……"

"二战"后，普拉格曼立志成为一个作家。开始的时候，他接到过无数次的退稿，熟悉的人也都说他没有这方面的天分。但每当普拉格曼想要放弃的时候，他就想起那戏剧性的一晚，于是他鼓起勇气，一次次突破生活中各种各样的"围"，终于有了后来的炫目的灿烂和辉煌。

想起了另一个故事。一天早晨，电报收发员卡纳奇来到办公室的时候，得知由于一辆被撞毁的车子阻塞了道路，铁路运输陷入瘫痪。更要命的是，铁路分段长司各脱不在。按照条例，只有铁路分段长才有权发调车令，别人这样做会受到处分，甚至被革职。车辆越来越多，喇叭声、行人的咒骂声此起彼伏，有人甚至因此动起手来。"不能再等下去了"，卡纳奇想。他毅然发出了调车电报，上面签着司各脱的名字。司各脱终于回来了，此时阻塞的铁路已畅通无阻，一切顺利如常。不久，司各脱任命卡纳奇为自己的私人秘书，后来司各脱升职后，又推荐卡纳奇做了这一段铁路的分段长。发调车令属于司各脱的职权范围，其他人没人敢突破这个"围"，卡纳奇这样做了，结果他成功了。

仔细想来，每个人其实都有着这样那样的"围"：主观上的认识上的偏见，个性上的不足，客观上的陈规陋习等都制约着我们实现生命价值的最大化。如果我们想在一生中有所作为，我们就必须要学会不停地突围。

然而，一个人要突破各种各样的"围"，不是一件容易的事。首先，我们要有识"围"的智慧。有的"围"是明摆着的，我们一看就知道它妨碍着我们走向远方。但有的"围"是"糖衣炮弹"，你看不到它对你的妨碍，或许你看到了也会有意无意地纵容它挤占心灵的地盘。其次，我们要有破"围"的实力。要突破主观的"围"，我们只需依赖意志；突破客观的"围"，则必须依靠才华、能力了。比起前者，后者的获得更艰难，付出的人生代价也更惨重。

突围是我们给予自己的最好的礼物，如果把我们向往的生活比做一个小岛，突围则是一条平静的航道；如果把我们的生命比做一块土地，突围就是那粒通向秋天的种子；如果把我们的人生比做天空，突围就像那轮光芒四射的太阳……一个人可以出身贫贱，可以遭受屈辱，但绝对不能缺少突围的精神，没有这种精神，你就会失去了行走的能力，永远也抵达不了本来可以抵达的人生的大境界。

（游宇明）

必须愤怒

人活着，一定有必须愤怒的时候。一定的，一定有这样一个片刻或瞬间在生活的某一处静静地等着我们，让我们骤然间怒发冲冠，拍案而起，一腔怒火汹涌而出。

我们能眼睁睁地看着假披着真的外衣到处招摇撞骗？能袖手旁观地听凭友谊和爱情被贱价出卖？能木然地让尊严和人格任人凌辱践踏，触目一片恶的横行？不！不能！既然不能，我们必须愤怒。

愤怒出诗人。诗人的愤怒纯洁无瑕，是没有一丁点杂质的。我们不可能都成为诗人，但我们完全可以拥有诗人那晶莹剔透的心灵。那绝对是坦荡开阔不容苟且的心灵。这样的心灵，在愤怒的时候，人才能大愤大怒，无遮无掩，才能愤其所愤、怒其所怒；这样的心灵，即便明明知道愤怒是柄双刃剑，挥舞之间，有伤着自己的可能，也绝不临阵脱逃，而是大义凛然地挺身而出，仰天长啸之际，置生死于度外。必须愤怒的时候，人若还能愤怒，说明这人的心中爱憎分明。这样的人，最低限度也是一个热爱生活、激情洋溢的人。

（曹应东）

是谁塑造了我们的心灵

　　大家好，过节的时候，我们来追问是谁塑造了我们的心灵，我望着这些庄严的面孔，他们的身上有中国的历史，他们的眼中有我们灵魂的折射。

　　是谁塑造了我们的心灵？我想中国人是最热爱山川的，中国人是诗意纵横的，中国人的心灵是在艺术中陶冶的。天地有情，万古永恒。每一个中国人，不仅仅是在这些楼台馆所之中，以狭义的文化，学习的方式，完成成长。更重要的，是我们在春花秋月中穿行而过，如同中国人说"沐春风思飞扬，凌秋云思浩荡"。一个人见到大地阳气蒸腾的时候，思绪是腾飞的，而在此刻秋云壁立，一个人胸怀始开，襟怀浩荡。春花秋月不是无情物，它酝酿了我们对于生活的热爱，它酝酿了我们生命中的灵感，这一切形成了中国人那种诗意联翩的思维方式。

　　今年的国庆赶得很巧：恰好也在中秋，我们就来说一个意象，天空这一轮明月，万古在心，今天它照亮了我们什么样的心灵呢？我们心灵的成长在千年之前，在物质还相对贫瘠的时代，却有一种豪奢的精神世界，那就是人跟明月之间的默契。我们在今天，在繁忙喧嚣之中，有几个人去真正思考，如果我们失去了月亮下这样一种澄净的心灵反省，而只剩下了公众的空间，我们还能够真正看见自己的心灵吗？我们还能去追问塑造心灵的由来吗？

有那么多的诗人，明月在心，在明月之中他们看到了什么呢？李白会说："明月出天山，苍茫云海间。长风几万里，吹度玉门关。"他在忧伤的时候，"花间一壶酒，独酌无相亲"。可以"举杯邀明月，对影成三人"。也许今天我们会笑话，这是一种愚痴，这是一种幼稚，李白也知道，李白自己也说："月既不解饮，影徒随我身。"但是那有什么关系呢？值此一刻，"我歌月徘徊，我舞影凌乱。醒时同交欢，醉后各分散。永结无情游，相期邈云汉"。只要你愿意相信，人与明月终有一天会在云端重逢，每个人生命中的月色，都是不一样的。曹丕看见的是"星汉西流夜未央，明月皎皎照我床"的忧伤。但是他父亲魏武帝曹操看见的是"月明星稀，乌鹊南飞。绕树三匝，何枝可依"？那样一个创立大业求贤若渴的人，心中看见的是明月照出的忧思和壮志。杜甫的明月是"片云天共远，永夜月同孤"。一个人看见了月光下内心的孤单和忧沉，我们会学习明净，我们会了解永恒，我们也许不会像在太阳下那么狂躁，因为我们会懂得，花未全开月未圆，也就是说在至极圆满之前，在凋零与缺损还没有开始之前，让我们悠然等待，让我们不要那么急功近利地去追究结果，而从容不迫地享受过程。

　　所以在这个节日里，我祝福所有的朋友，都拥有心中的那轮明月，都拥有中国人写意的诗画的浪漫生活，让这一切不仅塑造历史，也塑造了我们眼前每一个人的心灵。祝福大家。

（于丹）

孩子的成长你要等

女儿甜甜施施然走上主席台，和校长握手的时候粲然一笑，然后，稳稳当当地接过毕业证书，又施施然走了下来……直到此时，我从早上就悬着的心，不，可以说是从25年前她一出生就悬着的心，才落回到肚子里。

这是在英国巴斯市，在巴斯市最大最权威的阿比大教堂，时间是2009年夏天的7月2日。每年，巴斯大学都要在这里举行隆重的毕业典礼。身为欧盟委员会荣誉副主席、德高望重的巴斯大学校长劳德·图根哈特博士，要跟所有毕业生一一握手，祝贺他们完成学业，跟他们说一声"好样的"，并祝贺他们走上全新的人生历程。

甜甜今夏毕业于巴斯大学临床药学专业，获硕士学位。来到英国，细细地参观了她的母校之后，我才更加深切地体会到，读下这个专业有多么艰难！甜甜考上那年，巴斯大学在全英的排名是第四，前面三所学校是牛津、剑桥和帝国理工，都是震撼人心灵的名校！

是呀，今天的甜甜满脸灿烂固然让人觉得爽，可是当初她选择这个专业，却像在九曲黄河行船，把人折磨得一会儿升上高高的波峰，一会儿跌到凶险的浪底。你想啊，这世界上有多少种药，学生们就要掌握多少种药的性质、作用、用法、反应、忌讳……仅药名就英文、拉丁文（加上中文）都得知道，能背会写，这得下多少苦工夫！偏偏我家这位大小姐从小就不愿意下死工夫学习，能省事则省事，能轻松就轻松。

到英国以后，女儿突然学乖巧了，不再跟我说学业上的事。刚开始我还一肚子担心，一会儿怕她英文跟不上，一会儿怕她上课听不懂，一会儿怕她贪玩不用功，一会儿怕她考不过去，整天担惊受怕。每回一打电话，就恨不能问个底儿掉。女儿在那边嬉皮笑脸，只报喜不报忧。而她越不说我越着急，怒火中烧的时候就朝电话那头嚷嚷起来。后来我发现没用，不单是鞭长莫及，而且小丫头渐渐长成大姑娘了，比你更明晰地了解世界，更透彻地懂得怎么对付这个日新月异的世界。况且，你的话早已变成了无的放矢的大话、朽话和废话，比如："多下点苦功夫好好学！""少玩点电脑，多学点业务！""专业课之外的知识，也要尽量多学！""多跟成绩好的同学在一起，近朱者赤！""别熬夜！早点睡觉！好好吃饭！""少用化妆品，生活上向低标准看齐，学习上向高标准看齐！"虽然用了这么多惊叹号，可是一点儿用也没有，说了等于白说，还落下一个"唠叨"的罪名，真不如自觉闭嘴的好。于是我横下心来——不管！从此，母女俩的冲突大幅度减少，甜甜还觉得我变得"明智"了，脾气改好了，包容度增加了，母女俩亦不再是"天然的仇敌"了。皆大欢喜。

　　然而"女儿是母亲的心头肉"，完全的大撒把，表面上看晴空万里，实际上，我心里时时刻刻都是暴风骤雨！尤其她今年毕业前的考试，从5月初就开始了，一共要考6门，两周考完，哪一门不通过也得"挂"！甜甜说，每年都有不少"挂了"的，有的重读，有的转到好学一些的系，还有的干脆转出巴斯去投奔别的大学，她大一的同学们，最后毕业的也就剩下一半了。甚至有一年，有个英国学生还"造反"了，爬到他导师办公室的窗台上，扬言不让他毕业就跳下去"后来呢？"我着急地问。"给了呗，真出人命学校也害怕。那学生的导师，后来还被他们班学生在评估时打了最低分，最后不得已转到别的学校去了。"

　　这些"80后"们，从小的生长条件太优越了，看世界的眼光和我们完全不同，也根本不接纳我们的价值观。我们觉得，既然去了国外留学，当然得"头悬梁，锥刺股"，恨不得一天学上20个小时还嫌不够。可是他们一点儿不耽误玩乐享受，学习上够40分就OK了（英国是40分及格），唉！

　　女儿看我拉开了架势，赶紧堵我的嘴说："那我也毕业了，也是咱家学历最高的人。"

　　这话不假，同时也提醒了我是干什么来的——我是参加女儿的毕业典礼来了，这是喜庆的事，盼了25年才终于盼来了大喜事，路迢迢，路难行，可别再往后看了！而且，我不是亲眼看到她登台领取证书的荣耀了吗？不是亲眼看到她把英语说得像英国人一样地道了吗？不是亲眼看到她学习之际，自己买菜、做饭、收拾房间、打理自己，还抽空去打工吗？不是亲眼看到她独当一面，把自己的将来设计得很科学很合理很妥帖吗……况且，女儿在异国完全陌生的环境中，在完全陌生的另一个族群中，把我中华民族的优秀道德品质保持得极好，玉色一点儿也没变质，还是那么清纯、正直、善良、富有正义感和同情心，同时对自己的祖国爱得深沉，忠贞不渝。那天我在网上看到有一个人说他"不想做中国人了"，甜甜和她的同学听了都非常气愤，男孩女孩们七嘴八舌地说："那他还要不要自己的父母了？""真是中国的败类！""把他开除国籍得了！"我听了大为欣慰：到底是我们龙的传人，你看他们平时好像并不关心政治似的，其实这些孩子们，一刻也没有忘记自己的祖国！

好了，对这样的女儿，对女儿长成今天这个样子，我知足了，满意了。

在我们生活的这个世界上，有许多"硬结"，比如下属和上司、雇工和雇主、警察和司机、老实人和精灵鬼、嫉妒者和被嫉妒者、埋头苦干的人和油嘴滑舌的人、凭本事干活的人和专门溜须拍马进谗言的人，还有男人和女人、老师和学生、家长和孩子……在这一对对矛盾体中，代沟更是一个"死结"，几乎百分之百的家长都对自己的孩子永远不满意，哪怕孩子考了双百回来，他们也认为孩子还应该学得更好；而几乎百分之百的孩子亦看不上自己的父母，哪怕父母是万众追捧的名人，孩子也嫌父母这也不懂那也不懂，"老土"

"保守""跟不上时代"。中国如此，外国的情形也差不多。

我现在的认识是：这大概是人类生存的一个规律吧，在这成千上万年的规律面前，着急、上火、生气、担忧，天天看着日日紧逼，都没用。俗话说得好：是金子，总会发光的。我们做家长的，必须耐下心来——等待。预祝女儿能一步一步走好，做母亲的我，乐于等着看。

（韩小蕙）

慢慢琢磨

意大利电影《云上的故事》里，一个富人雇了一群工人搬东西，从山脚搬到山顶，工人们走着走着就停下来了，无论富人怎样催促，他们就是不走。过了很长一段时间，他们又开始走了。到了山顶，富人不解地问：你们那时为何不走了？工人回答：刚才走得太快了，把灵魂落在后面了。

在呐喊着"时间就是金钱，效率就是生命"并为之"冲锋陷阵"的今天，人们为了生存和活得更好，都拼命地向前奔跑，追逐明天。人们透支健康，冒着生命危险去"拼杀"，并乐此不疲，累得几乎窒息，也不给生命稍作放松和歇息，从而在忙乱中把自己的灵魂落下了。

慢是淡定，是耐心。三国时，司马懿与诸葛亮博弈，诸葛亮想求快胜，就给司马懿送去妇人的衣服以激怒他，司马懿却偏偏以慢对之。结果诸葛亮病死五丈原，慢成就了司马懿。

慢是人生的大智慧，能让人以静胜动、以慢制快，用细腻勾勒一个完美的世界，缓缓登上高峰，绽放一个胜利者的笑容给世人看。

"股神"巴菲特说："股票这种东西不似那些自以为是的人说的一样需要快、准、狠，在我看来就一个字慢。"

看淡名利，放慢节奏，不失为一种策略，一种大智慧。清代乾隆年间，广东梅县叶新莲有联曰：为人忙，为己忙，忙里偷闲，吃杯茶去；谋食苦，谋衣苦，苦中取乐，拿壶酒来。急急忙忙，忙来忙去，所谓者何？

慢是要你做到"宠辱不惊，看庭前花开花落；去留无意，望天上云卷云舒"，把工作当成一种乐趣；慢是让你沐浴在光芒炫目的太阳之下，不受尘世之俗的牵绊，抱着一种知足常乐的心态；慢是感动后对未来的一种幻想，超脱幻想、坦荡人生的一种境界。

慢是稳中求胜，胜中求美，是美妙音乐中不可缺少的旋律。候鸟由南飞到北，又由北飞到南，是为了经历四季的更替。春色满园，让我们放慢节奏，给心灵放个假，以慢抚平自己褶皱的一生，从容地享受人生沿途的风景。

（胡运生）

路过最好

一位朋友曾和我说，她很怀念高中时代在学校里度过的时光，怀念同桌和邻座，怀念一直喜欢的老师以及校园里的花花草草，还有当年鲁迅种下的那棵樱花树。她说自己总喜欢在学校西边的草坪间散步，还记得我躺在草坪上和她说心事时头顶那片纯净的蓝天。我也曾访问过她的博客，粉红的底色却掩埋不了她对过去的淡淡的忧愁。

忽然想起张爱玲说过，在时间无边的荒野天涯，没有早一步，也没有晚一步，刚好遇上了。

似乎，相遇真的是很美好的缘分，在那些临水照花人的笔下。是否说过那句话，前世的五百次回眸才换来今生的一次擦肩而过。可是一生中，我们会遇见太多的人，会擦肩而过更多的人。纵然那是我们该珍惜的缘分，但我们也无法向每一个人都开诚布公，都畅言自己的喜怒哀乐。那种初遇时的惊喜，随着时光的流逝，终将慢慢淡去。我们有自己的日子要过，而他们，也无法永久地成为我们生活的中心。

其实，人生只是路过。

路过最好。因为在相遇的瞬间，我们共同拥有惊喜；在分别的时刻，我们又不会有太大的眷恋与不舍。我们相信在只有一小部分人值得自己去珍惜和怀念的同时，更多的人只是路过。路过那些人、那些事、那些风景、那些情怀。曾经的亲密无间，最终也可能只是在恍然一梦中形同陌路。冯骥才说过，铁块只有与磁石保持距离，才能感受到磁力。我无法确定路过的美好是否仅由距离产生，但至少我们在选择一份比缘分似浅非浅的情愫中得到了释怀和感动。所有的故事，不能快进、不能倒退、不能暂停，只有一点点地向前。看着那些黑色的白色的记忆，慢慢地变成黑白电影。

喜欢那句"记得绿罗裙，处处怜芳草"。没有愁绪，只有思念和回忆，淡淡地甜着。曾经我有很多的话想对你说，可惜千言万语却经不起时间的考验，随年华的冲刷，变成了夜空中炽热的星辰，堕入无边的黑洞。于你，我只是红尘里一场盛开的烟花，短暂的美丽，华丽中透着荒凉。或只是你心舟中一名匆匆过客，邂逅之后从此陌路天涯。

似懂非懂的爱情，一时与一世，孰最美妙？南怀瑾大师点解："一时最好。"问一声：等到江山都老了，蓦然回首，不知谁还有那份"那人却在灯火阑珊处"的运气？还是不要把自己往忧郁里折腾，总会有些爱是生命中的宿命，一生也无法逾越。珍惜所有。路过最好。我们只有一生。

如果岁月没有苍老我的容颜，如果还能被你认出，那么我也只想默默地路过。形同陌路的感觉，真的很好。如同品一杯异国的咖啡，不知道原来带着微苦，体味自己当下的幸福。

　　路过，不知是幸运还是不幸，但至少可以肯定，因为相信是路过，所以在相遇的刹那，我们拥有了不一样的美丽心情。

（刘悦）

带着相信上路

是带着相信还是带着怀疑上路，这也许正是一个信仰问题，从中分叉出来的方向、道路、风景和目的地自然截然不同。

一个在爱情中受伤的朋友问我：你相信爱情吗？我再也不会相信了！我毫不犹豫地回答：相信！即使受过伤，我也相信！我不是言不由衷地鼓励他，而是真的相信。我不但相信爱情，还相信世间所有的美好。我对朋友说，当一个人不相信世间最美好的情感之一爱情时，他自然会长久地疏远它，即便有一段真爱摆在他的面前，他也会背叛它。因此有人说："因为信任，爱情才如童话一般美好。如果没有信任，爱情就会像地狱一般丑陋。"

因为有了相信做生命的基石，我们就不会在怀疑之后变得虚无，会努力将自己导向美好的方向和目的地。这种相信也应是相信一切，而不仅仅是相信对自己有用和自己能够掌控的东西，既包括对真善美的相信，也包括对假丑恶的相信（相信它们对真善美的伤害是巨大的，相信它们最终会被真善美战胜）。当然更多的是对前者的相信，由此我们才会具有凡·高在书信中所引用的那种认识："魔鬼并不总是那么黑的，你可以看他的脸。"我们常犯的错误正是因为意识到"魔鬼"的存在，而连"天使"都一起怀疑，结果认为后者的脸也"总是那么黑"，自己去看"天使"时，会觉得这就像一个笑话乃至谎言。

相信，也即用真善美、用希望、用胜利为自己代言，也即从一朵花儿开始学会信任整个春天，也即认识到：我来到世间的时候，春天已经存在，光明已经存在，世界也已准备好完美的刹那来迎接我，再多的悲哀、伤痕、阴影和死亡都无法改变这一点。这种认识对我们非常重要，只有如此相信，我们才能够最先沐浴到清晨的第一缕阳光，像孩子那样重新开始，永远拥有新的自己、新的世界。

而人是最容易在悲哀、伤痕、阴影和死亡中怀疑爱情、生活和人生的，我们也确实不是超人，只有对希望、宽恕和爱给予更多的相信、更多的效力，我们才能够避免在深渊里越跌越深，并且学会搀扶别人、救起自己。

在相信美好的同时，我们也应该相信苦难是无法消灭的，我们所做的就是用美好来抵挡和减轻痛苦，痛苦也会在彼此的信任中净化我们的心灵，让我们内心的力量得到完整的发展，"让我们以更加纯洁的心灵相信童话，获得重生"。

从某种意义上讲，怀疑爱情、怀疑生活、怀疑人生，这并不可怕，而且也很需要，但是我们的态度不应首先是怀疑，而应首先是相信。我们必须用一种"愉快与勇敢的精神来安排计划"。相信的意义远远大于它的用处，正如一朵花的意义远远大于它的粉艳芬芳，我们正是从一朵花开始拥有了整个爱情、生活和人生的春天。诗人说得好：许多燕子已经坠落，许多还在纷纷飞着，许多小燕子刚刚出生。当它们摆脱掉地上的阴影，它们就成为天使。

（草上飞鸿）

照亮你的位置

　　我从没有想过会在沃尔玛超市经历一件改变我人生观的事情。那天，我像往常一样挑选好要购买的商品，然后排在一条长队后面等候付款。队伍移动的速度没有我想象的快，因此我朝收银员瞥了一眼。

　　收银台前站着一位慈善的七十多岁老人，他面带微笑，戴着眼镜，背微微弯着。我想，他是一位老年人，做事情可能要慢些。

　　接下来的几分钟我一直注视着他，在扫描条形码之前，他亲切地问候每一位顾客"心情怎么样"，并认真倾听顾客的回答。这让我感觉有些奇怪，因为"心情怎么样"与"还好"已经成了一个约定俗成的对话，没有人真的会思考这个问题，也没有人关心它的答案。然而，这位老收银员不同，他似乎是真想知道人们此刻的心情。更不可思议的是，当老收银员找完零钱后，他会友好地伸出右手与顾客握手告别，并用他和蔼可亲的目光望着顾客的眼睛。"非常感谢您今天的惠顾，"他对顾客说，"祝您拥有愉快的一天！再见。"

　　轮到我时，他也问我心情怎么样，我告诉他，我今天心情不错。

"好哇，"他说，"我今天心情也不错。"我朝他红色衬衫上的名牌看了看，上面写着：马丁。我说："您看起来很喜欢自己的工作，马丁。"他回答说："我热爱我的工作，期待每一天的每一刻！"

当他算完账把零钱交给我时，他的脸上洋溢着春风般暖人的笑容，他用力地握着我的手说："非常感谢您今天来本店购物，祝您拥有愉快的一天！"

那一刻，我真想把他邀请回家，一起喝茶、吃甜点！走向停车场取车的路上，甚至是在开车回家的途中，我都沉浸在刚才的事情里。正如有人所说："那不是浪花，而是涟漪……"

我想，这短短两分钟给我的感受足可以写成一本书。这里有一个人不需要寻找任何理由的快乐，不，是喜悦！他会随身携带着这份喜悦，并和遇见的每一个人分享。他周围的空气弥漫着恬静、祥和。走近他，我仿佛走进一个安静灵魂的光环中，我的灵魂也得到了滋润。

经过几次之后，我发现，马丁对排队的所有人，无论年轻年长、富人穷人，都一样地友好对待，这让人感觉那一刻是完全属于他的时刻，他尊贵无比！

马丁虽然只是个收银员，但他创造的价值却是无价的——他带给顾客的那份好心情，是在任何地方多少钱都买不到的。当其他收银台前并没有多少人时，人们还是愿意排长队等候他来为人们结账。许多公司花成千上万的美元试图传授给员工的正是这一点，无论在哪里工作或者做什么，我们都能用自己内心的美好光辉照亮所处的角落。我们在所处的职位上并不是为了获取什么，而是要把发自内心的喜悦分享给周围的人。如果一个人能做到这一点，我想，无论他在什么位置，他的人生都将如金子般熠熠闪亮！

（班超　编译）

换一种姿势飞翔

1956年，一个韩国华侨的家里诞生了一个男孩儿。这个男孩儿在一岁时，患上了小儿麻痹症。从此，年幼的他便开始与拐杖和轮椅相伴。

18岁的时候，他执意要离开韩国回台湾读书，当时有很多人提醒他，一个小儿麻痹患者，单身一人到台湾后，会在生活上遇到许多想不到的困难。但他不想拘囿于轮椅之下，凭借年少的热情，他来到台湾大学商学系读书。他以为，以优异的成绩从名校毕业，在台湾找个工作应该不是什么问题。当时正是台湾贸易经济准备起飞的时候，对于国际贸易相关科系的毕业生的需求很大，但是，当用人单位看到他拄着拐杖时，都无一例外地拒绝了他。索性，他和朋友办了家公司，可三个月后就倒闭了，还欠了一屁股债。为了还债，他去韩国跑单帮，又失败。有朋友建议他在韩国当个老师，他却干脆注销了在韩国的居留权，身无分文地回到了台湾。困顿、落魄，他坐在出租屋里，不知何去何从。

房东恰好在出版社工作，好心问他："要不要做特约翻译？"之前，他抗拒所有的静态职业，然而，由于生活所迫，他不得不开始他最不想做的工作——到时报出版社做翻译。每天他除了翻看大量的资料外，就是不停地写。由于经常伏案工作不能活动，他的大腿内侧曾长期溃烂久治不愈，脊椎也严重变形弯曲。尽管他不喜欢眼前的工作，但在个性上他却是一个不许自己落后的人。那时公司刚请了一个哈佛大学毕业的英语顾问，英文水平很高。为了提高自己的翻译水平，他便每天都去请教。两年来，经过每天跟英语顾问的密集沟通，他的英文水平迅速提升。后来，他的老板要办一份新杂志，要他每个月必须阅读五十几种英文杂志。他在阅读大量杂志的同时，视野也开阔了起来。从翻译到编辑，他以鲜明的开创精神，率先在台湾打破了出版《资本论》的禁戒；为台湾最早引进了米兰·昆德拉、卡尔维诺、村上春树等外国著名作家；建立了台湾本土漫画家的发表园地；蔡志忠、朱德庸、几米等作家经过他打造的平台而蜚声海内外；他出版的漫画书《脑筋急转弯》系列创下六百万册的畅销纪录，也掀起了"脑筋急转弯"的狂潮。在时报出版社工作的八年时间里，他到达了一个出版者终身都难以企及的高度，他的身影也开始奔波在世界各地的书展上，他就是台湾著名出版人郝明义。

在一次书展上，郝明义结识了世界顶级版权代理人汤姆·毛瑞。一次，他问汤姆，事业成功的秘诀是什么。汤姆说："不论我回家多晚，早上六点，我一定起来看CNN的新闻。九点钟之前，一定把该看的外文报纸看完。"汤姆的话使郝明义深受震撼：一个顶级的版权代理人一定要赶在别人还没醒过来之前，先掌握这个世界的新闻，以便从中发现有什么新闻人物是他可以去游说写作的对象，有什么新闻事件可以让他炒热手边代理作品的身价，在感动他的敬业的同时，这也让郝明义深受启发。

1996年，郝明义开始自己创业，创建了大块文化出版公司。1997年，他又受邀任台湾商务印务馆总经理兼总编辑。他同时进行两个工作，每天只睡三四个小时：每天早上九点到下午五点在重庆南路那家古色古香的公司上白天的班，晚上六点到夜里两三点再赶到景美那个新成立的大块工作。无论回家多晚，第二天早上九点他都一定会出现在公司里。

曾经有医生指着他的脊椎 X 光片子告诫郝明义，如果不好好休息，恐怕时日无多，最好的选择是不要上班，辞职回家，尽量做些趴着工作的事情，以免脊椎的创伤进一步恶化。听完医生的话，郝明义问自己：是为了多活一些时间，而回到家里做些静态的工作，还是尽情继续现有的工作，最后脊椎随时可能突然承受不住压力而崩溃？他选择了后者。与其为了多活几年而限制生命，还不如把生命浓缩于尽情的冲刺。这个时期，他先后出版了《潜水钟与蝴蝶》《相约星期二》《情商EQ》等畅销书，他还将几米作品引入大陆，为大陆点燃了"几米热"。2009年，郝明义又相继创作并出版了《越读者》和《一只牡羊的金刚经笔记》。他始终是激情地工作，燃烧着生命。郝明义说："如何看待工作，也就是如何看待生命；如何善用工作，也就是如何善用生命。"

鸟类学家说，沙鸥有两种：一种把飞行当成觅食的手段，因此，竞逐的范围主要在自己海岸边的船舷，争食的目标，主要是水手施舍的零食；另一种沙鸥却只把飞行当成飞行，因此等它把飞行的技术练习到最远也最快时，虽然没有把觅食放在心上，但它却可以享受到最内陆与最远洋的山珍海味。当我们面对不喜欢又换不了的工作时，也许我们需要做的就是换一种姿势飞翔，在恶劣环境条件的限制下，想办法从工作中汲取最大的养分，说不定人生反而可以打开意想不到的局面。

（王海莹）

让遗憾助你成长

遗憾这种感觉可以激发人的潜力。

尼尔·罗斯是一位心理学家，迈克·莫里森是伊利诺伊州大学的博士生，他们通过电话对 370 名年龄 19—103 岁的美国人进行了调查，让他们谈论最大的遗憾。他们问参与者因为什么而遗憾、为什么会发生、是因为他们做了什么还是没做什么引起的、是否还能弥补等。

人们引为遗憾最多的是爱情（18%），失去爱情或者对方不忠诚；家庭方面的遗憾排在第二（16%），人们为曾经对幼小的兄弟姐妹不好而难过；职业方面的遗憾排第三（13%），接着是教育（12%）、金钱（10%）、抚养后代（9%）。

一个人的"生活环境决定他的成就和缺点，以及他在生活中处于什么位置、有什么遗憾"。受教育少的人更可能说自己最遗憾的是没能接受更高层次的教育，受良好教育的人往往说自己最遗憾的是事业不算成功。

超过 44% 的女人和 19% 的男人为爱情和家庭遗憾——这一点不

足为奇，因为女人"比男人更看重社会关系"。相反，34%的男人最遗憾的事跟工作有关，希望他们选不同的职业道路，女人只有27%。更多的女人希望工作少一点，可以花更多时间跟孩子在一起。

有的人为做了一些他们认为不应该做的事情而遗憾，有的人为没做他们认为应该做的事情而遗憾。但是，为没做某事而遗憾的时间会更长久一些，希望再有机会去做。为做某事而遗憾多是最近的事情，正如马克·吐温曾说："从现在起20年后，你为没做某事而产生的遗憾会比为做了某事而产生的遗憾多些。"

专家发现，为重大事情（如离婚、丧亲等）产生的遗憾会比为小事（夫妻吵架、工作不顺）等事情产生的遗憾更持久。

人们常常为无法改变的事情遗憾。例如，一位医生因为疲劳而出错，致使病人去世。如果他引以为戒，就可以在今后的工作中多注意，避免发生同样的错误。但如果他只是一味地遗憾，有可能会更糟。

关于怎样让遗憾的事情对我们有益，罗斯给我们提出了三条建议：

一、继续前进

除非你放弃希望、梦想和个人标准，或者你拥有十全十美的生活，否则很难避免遗憾。遗憾好像是生活中不可避免的一部分，当你盼望发生的没有发生、你不希望发生的发生了，你的大脑就会马上为遗憾注册。要认识到遗憾是司空见惯的，不要总是被遗憾抓住不放，要把你的注意力转向别的活动，开始别的追求。

二、给事情画句号

研究表明，给事情画上句号，不再去做，不再去想，遗憾就更容易消失。但很多时候人们做事情喜欢留后路——比如买东西的时候买能退货的。但如果你把身后的桥烧断，就没有机会回头，没有办法改变主意，你只能接受事实，继续前进。

三、使遗憾对你有利

遗憾有很多积极因素。它可以弄清事情的来龙去脉，使你看到事情的转机；它可以帮你保持关系，当你感到振作起来时，你更愿意去弥补受损的关系。更进一步说，遗憾虽伴随着失望、内疚、羞愧等负面感情，但也更容易激励我们去采取新的行动。

（韦盖利　编译）

好大一棵树

　　1971年，17岁的史国定高中毕业。那时还没有高考，成绩优秀性情温良的他让乡亲们很是心疼，于是乡官们问他："想不想教学？"他红着脸没有说话。其实他最崇拜教师，他认为这个职业是最神圣的职业，所以他不敢奢望。乡官们又问："想不想去梨树洼当老师？"他马上抬起头来，待看清乡官们并不是开玩笑后，大声说："想！"

　　梨树洼是山沟里的山沟，贫瘠中的贫瘠，那个小学也是乡里最头疼的一个小学。派去的教师没有能坚持三个月以上的，而且动员家长让孩子上学比登天还难。一间破屋就像聋人的耳朵摆设在那里，学校停课的时间比上课的时间还多。

　　史国定当然知道这个学校，他认识那里一个放羊的孩子。一提起上学，那孩子就咬唇流泪。所以，他觉得自己必须去，那里的学校必须有老师。

　　进山后，动员孩子复学倒不难，因为家长们一看新来的老师是个乳臭未干的娃娃，就笑了，只管让孩子复学，因为家长们料定他上不了几天就得停学。

第一堂课很滑稽，五个年级一间屋，一排一个年级，有的连书包也没带，都看着他傻笑。他也不知道该说些什么，头一回上讲台，很害羞。一说话还是孩子动作孩子气，孩子们就一次次哄笑。但他心里明白孩子们都在想什么，于是干脆用粉笔在黑板上写了一句话："同学们！史国定老师不会再走！"

孩子们不笑了，坐正了，望着老师，一张张小脸挂上了大颗大颗的泪珠，终于有一个女孩哽咽着说："老师，您要说话算话！"孩子们全站了起来："老师，说话算话！"史国定忍住眼泪，但一开口说话还是哭了出来："一定……"孩子们呼啦啦扑向讲台，里三层外三层地抱住了他。

两个月过去了，白白胖胖的史国定黑了瘦了，但他没走，依然坚守在岗位上。正常上课的热烈声势和日常孩子们前所未有的幸福欢喜，让家长大惊失色。有服了的，有怕了的，也有强迫自家孩子退学的。在山里，刨山求食才是正经事，能上学的孩子就不能为家里干活了。

第一个被强迫退学的孩子，逃出家跑到学校，抱住史国定放声大哭。史国定带着孩子去地里见孩子家长，二话不说，和孩子一起朝南山跪倒磕头，大哭："穷山先人，救救你的娃！你的娃才能救你！……"孩子的家长惊呆了，村主任跑来扶起老师，冲地里所有人吼："今后谁敢让娃退学，我就把他全家打出山去！"

再也没有家长敢阻挠孩子上学了，所有上学的孩子都把史老师当成最亲的人。血都是热的，十几岁的"孩子老师"，每天不停地讲课，哑了一次又一次，瘦了一圈又一圈，放学还要翻山越岭挨家挨户走访。每次下雨，他都要累病一场，几十个孩子，他要一个一个地背着抱着过山蹚河，那情景，岂止是一个老师？

大惊失色的不只是山民们，各级领导更甚，全乡表扬全县宣传，当然也要奖励、转正、定工资，并表示正在动员新人去接替，到时史国定就可以出山了，全县学校任他挑，更有知他大名的山外学校纷纷请他前去任教。史国定的回复就一个字："不！"接着，他的家人亲友们着急了，孩子傻大人不能傻，穷山沟说什么也不可久留。于是各显神通，好工作、好媒茬、好官职……史国定的回复仍是一个字："不！"

一位亲人进山劝说，把史国定从讲台上拉出门来再回头看，呆了：几十个孩子跪倒一片，全都泪流满面，齐声说："老师，我们爱你，我们不怪你……"那位亲人终于明白了，这个世界上有一种情义比天地还要大，是无法与之抗争的，于是头也不回地走了。

1989年，梨树洼整体搬迁，这又是史国定可以名正言顺出山的机会，劝说和高薪聘请的人再次蜂拥而至。史国定的回答还是一个字："不！"梨树洼没了，但穷山沟还在，有学生而没学校、有学校而没老师的村子还在，只要还有一个上不了学的孩子，他就不能走！

又十多年过去，这个小学成了全县最传奇的好学校。而这十多年，乡里县里也尽力派教师进山，至少可以让史国定轻松一些，但奇怪的是，竟没有一个教师能坚持下来。那方讲台，仍只有史国定这棵不倒松。

从17岁到57岁，三尺讲台40年定塑。对孩子们来说，史国定是大于一切的救世主。他们走进中学、走进大学、走进海外博士堂，史国定的学生都是最优秀的，穷山沟成了远近知名的"洛阳伊川龙风洼"！当然，步入中年的史国定看上去已是老年，但绝非常人意识中的那种行色。瘦得不能再瘦，就成了坚硬如铁的特色树；背驼了，就成了金刚盘结的不倒峰，声音再也不会喊哑了，三尺讲台风雷处，每日洪钟震山电闪雷鸣，在孩子们的童声伴奏之下，成为山民们敬仰膜拜的"救山神音"！

2011年6月，记者们在这个只有4个学生一个老师的学校看到这样一个场面：一面鲜红的国旗冉冉升起迎风招展，5名师生举行隆重庄严的升旗仪式。铁骨花甲（其实只有57岁）的老师站在中间，4名学生分站两边，仰望红旗，肃然敬礼。老师皱纹簇拥的脸和学生有如红日的脸笑意灿然亦泪光闪闪，久久的礼式，久久的心语，一种无声的震撼！

（张鸣跃）

风吹不动装满幸福的桶

认识一个自闭症孩子，常常让我情不自禁地难过。

有一次，这个孩子拉着一个女人的手，电梯上、货架后面、收银台……他满世界里找妈妈，急得满头大汗，像一个小火车头吃力地牵拉着载满焦虑、恐慌和伤心的大车厢。

——没有人知道，他手里拉着的那个女人正是他的妈妈。

他的妈妈毫不抱怨，就像是自己真的丢了，心甘情愿做一个善良友好、热情无私的陌生人，来帮助"小蝌蚪"一个地方接一个地方地寻找妈妈，直到孩子再一次将自己认出来。

听到这样一个细节，我唏嘘不已，且也悲伤无言。

但这个妈妈在讲这个细节时，脸上却温柔含笑，眼睛里的那种幸福将她的目光擦拭得清澈晶亮，她是在讲述自己的孩子，也仿佛在引述他人的故事、生活中的幸福小片段。

她的生活难道不是煎熬吗？为何现在显得那么轻盈温暖、色泽清新？

她后来跟我讲：我活着，原本就是一个空桶，大风曾经吹动它，在坎坷的地上滚动，那种痛，就是撞击骨骼的痛……后来，我接纳了孩子，不再抱怨命运，而是天天捡拾生活中幸福的小石头，丢到自己的空桶里面，洗净泪水，转化为喜悦，慢慢地，空桶不再空，它变得饱满从容、柔韧慈悲，是有内在重量的桶，任凭再大的狂风也吹不动它了。

朋友的这个回答让我感动，更让我恍然大悟，犹如在暗室里猛然看到披一身光芒的大树，那种震动犹如在窗外蓦然看到自己丢失已久的翅膀。

当初，孩子牵着妈妈找妈妈，这也是我曾经活着的样子，牵着幸福的手寻找幸福。还好，幸福还记得我们，还乐意帮助我们，直到我们想起幸福，再一次握紧幸福的双手。

这每一次紧握便是每一次捡拾，如同朋友将幸福的小石头丢进人生的空桶里，渐渐具有抗拒大风的重量，渐渐因为重量的增加而变得丰饶。这时候的木桶，便可以当作扎根大地的老树墩，容我们停下来，踏踏实实、安安心心、心有归处地坐一会儿。

原来，再悲伤的人生，幸福也是事实上存在着的。它常常处在被打散的、细微的、分离的状态，宛若七零八落丢在生活草坪上的小石头，这时候就需要唤醒我们的眼睛和心灵，去塑造内心的空桶，去寻找、发现、捡拾和珍藏原本属于自己的幸福小石头，通过爱和奉献将这一切凝成一个整体，这时候我们就会把大风抛弃，尊贵地挺立，再也不会将生活和人生的初衷忘掉。

（孙君飞）

请你敲敲寂寞的门

更多时候，寂寞总是披着灰色的外衣出现在我们面前。我们一直将它当作乏味的同义语，当作孤独的近义词。我们大都追求一种繁华喧闹的生活，因此，对寂寞唯恐避之不及。

于是，我们醉心于成群结队的出游，钟情于扬幡结彩的联欢，沉溺于觥筹交错的宴饮；于是，我们被贪欲牵引，被狂热操纵，被喧嚣蒙骗；于是，我们失去了一方宁静淡泊的氛围，失去了一份生活的底蕴；失去了一处独居的静谧。

当然，并非所有人都是如此。他们与寂寞握手，拥寂寞入怀。他们把寂寞当成了一杯芳醇的美酒，细细品尝着生活的酸甜。屈原在寂寞中发出天问，卢梭在寂寞中留下忏悔，曹雪芹在寂寞中梦出红楼，贝多芬在寂寞中弹出月光……寂寞是多少他们景仰的星辰，赖以闪光的背景。

那么，我们有什么理由害怕寂寞，逃避寂寞？

生活的丰富在于，它向我们展示了欢乐与痛苦、忧伤与幸福的多彩。一个热爱生活的人，应该乐于接受生活的所有馈赠，寂寞正是这样的一份礼品。它可以倾泻无眠床前的一地月光，它可以酿造醉卧沙场的一壶悲壮，它可以绽放山花烂漫的一靥微笑，它可以张开鹰击长空的一翅翱翔

寂寞向我们展现出一隅多么广阔而独特的生存空间啊。

我们不可把失意的孤单当作寂寞，不可把前途的渺茫当作寂寞，不可把贫穷的忧郁当作寂寞，不可把跋涉的困顿当作寂寞……那不过是寂寞的外在形式，是寂寞蜕变留下的壳。

如果你青春失意，寂寞会让你年轻的心多一分成熟。如果你高考落榜，寂寞会给你打开另一条隐秘的途径。如果你执教穷乡，寂寞会让你懂得两袖清风也是富足

寂寞是构成生活骨架必不可少的钙质，是生命血液中不可或缺的盐。

那么我们有什么理由不亲近寂寞，拥抱寂寞？

如果你想拥有一双观察生活的慧眼，如果你想拥有一个感悟生活的心灵，如果你想拥有一方花花世界所不能给你的心境，请你，请你敲敲寂寞的门！

（杨华之）

孤独的姿势

    我总觉得，一个人发呆的时候，有这样那样的表情与细节，比如啃食指甲，比如蹙眉，比如微微将唇开启，又比如，手指搅缠发梢。那么，一定是在年少的时候，曾经被某一本书温柔地浸润过。就像许多年以前，我还青涩，在没有暖气的乡下房子里，站在密封不好的窗前，将冰凉的手拢在同样冰凉的棉袄里。读《百年孤独》时，这样的一个姿势，在我成年以后的许多个寒冷的冬天，都被顽固地保存下来。

    其实，我已经忘记了《百年孤独》里的许多情节，那是一本过于繁复庞大的书，整个家族的命运犹如人漫长的一生，我站在河的这岸，无论如何努力，都看不到对岸的河水有怎样动荡曲折的终结。我只记住了那弥漫其中的神秘幽暗的气息，带着诡异的花火，不知如何将我从乡下打拼到城市去的路途，照亮。生命如此漫长无边，乡下又那样晦暗孤独，不，我要走出去，一直一直走，将藏匿在某个黑暗角落里的命运咒语，远远地甩开。

    几年后通过读书，我终于走出了那个在地图上连名字都不存在的村庄，开始学会融入城市光鲜耀眼的生活。我喝咖啡而不是茶水，我吃面包而不是馒头，我乘坐出租而不是骑单车，我用电脑且抛弃了纸笔，我将自己在文字里渲染得华丽无比，并因这样的渲染，而觉得轻飘、自由，且志得意满。

后来的某一天，我站在大风呼啸的城市街头，拼命地拦一辆辆出租车，却绝望地发现，在下班的高峰里，这是一件多么愚蠢的事。我终于不再朝飞驰而过的出租车挥手，转而靠在一个背风的小店旁边，看着拥挤的人群，发呆。不知这样过了多久，听到旁边有人嬉笑，我才茫然地扭头，然后，看到了隔壁店铺的玻璃橱窗里，自己拢着袖口，犹如一个乡下粗糙姑娘的容颜。

我就这样被《百年孤独》里时光的飞毯载着，回到我已离去多年的乡村，并看到了那个在亲戚穿梭来往的房间内，不断地跺着冻僵了的双脚、读书的女孩。我看到她袖口上发亮的污渍，看到她冻得红肿的脸颊，看到书上她啃食的馒头碎屑，看到她用绿头绳随意扎起的辫子，看到她的母亲，因为姐姐婚事的潦草，当众而与父亲起了激烈的争吵。

就在那一刻，我原谅了时光烙在自己身上的种种丑陋的疤痕。就像，原谅那本书里，所有不肯互相宽容的人类。还有，跨越一生的无力逃脱的孤独。

（安宁）

对付"背后人言"的五个策略

　　有句俗话叫"人言可畏"。这里讲的人言就是指那些添枝加叶、捕风捉影、以讹传讹等背后议论和那些无中生有、恶意中伤、肆意诽谤等流言蜚语。这类"人言"真真假假，以假乱真，颠倒是非，混淆视听，给被议论者以极大的心理压力，轻者忧心忡忡、萎靡不振，抬不起头；重者悲观厌世、自寻短见、酿成人生悲剧。由是观之，人言确实可畏。人言不仅可畏，而且还在劫难逃，几乎人人都要被人"言"。人们曾形象地把这种现象概括为"哪个人后无人说"。既然如此，那么我们应如何对待它呢？

　　一是行得正。这是问题的本质和核心。"身正不怕影子斜"，只要自己品行端正，遵纪守法，不做伤天害理的事情，就不怕任何流言蜚语，不怕任何恶语中伤，就不畏"人言"。"为人不做亏心事，不怕半夜鬼敲门""身上无冷病，哪怕寒风吹"。只要行得正，即使有时被人诬陷诽谤，也不难澄清事实真相。因为事实终归是事实，真的假不了，假的真不了，黑白岂能颠倒？因而任何时候都应心怀坦荡，无所畏惧。对于强者来说，人言不仅不可畏，而且还可以起到一种警醒、激励、自强的作用。

二是要避嫌。这点也很重要。有的人品行本来无可挑剔，办事也公道，但却不讲究方法，这样就很容易给人以错觉，容易被别人"合理想象"，妄下结论。比如有的领导和做组织人事工作的同志在涉及自己的亲属入党、转干、提职提级和调动时不回避，即使本人无意以权谋私，但却容易授人以柄，被人猜疑和误解；有的人在同异性交往时不注意时间、地点、场合、方法，即使无非分之想，也容易给人以行为不检点、关系暧昧等口实；有的人办事不按程序，缺乏必要的手续和透明度，即使没有问题也容易被误认为心中有鬼，如此等等。因此，要防止谬种流传，嫌不可不避。

三是看得开。古语云；木秀于林，风必摧之；堆出于岸，流必湍之，行高于人，众必非之。有的人嫉妒心特别强，害怕别人超过自己，自己不干事，也不让别人干事，还有的人吃完饭闲得发慌，专门搜集别人的隐私取乐，甚至以此来炫耀。这种人没有事尚且可以无中生有地编造出耸人听闻的事来，更何况，"人非圣贤，孰能无过？"那些别有用心的人更会在这上面大做文章，或者捕风捉影，绘声绘色；或者添枝加叶，生发开来；或者真真假假，以假乱真，或者折射变形，面目全非，让你哭笑不得。如果你对这些传闻看得过重，那一定会气得要死，那就会正中他的下怀，他也一定会暗暗高兴；如果你把这些事情看得很淡，有"大肚能容，容天下难容之事"的胸怀，这些流言蜚语又算得了什么？"人生苦短，何必计较太多；

是非恩怨，随风付之一笑；成败得失，从来不用放在心头"，恶语中伤又算得了什么？古人云：流言止于智者。只要你大智若愚，不去计较，他也就会觉得无聊，觉得自讨没趣，流言自然会失去市场。

四是莫理睬。如果说看得开是一种自我心理调节的话，那么莫理睬就是一种鄙视，一种无声的抗议：不屑一顾，不屑与语。何况事物本来就有多重性。从不同的角度看就会得出不同的结论。世界上也没有绝对的东西，任何事物都是优劣并存、利弊共生的。中国古代有个《爷孙与驴》的故事。无论是爷爷骑驴，孙子走路，还是孙子骑驴，爷爷走路；也无论是爷孙同时骑驴，还是爷孙同时走路，四种情况，别人都去嘲笑，弄得爷孙俩无所适从。世界上有许多事情一定要有自己的主见，千万不要被别人牵着鼻子走，不要被那些错误的舆论所左右。对于那些别有用心的言论大可不必理睬，倒应该有点我行我素的气概，"走自己的路，让别人说去吧！"

五是敢抗争。如果对任何人身攻击的流言蜚语都不予理睬话，那也未免太善良、太老实，而老实有时又是无用的别名。有人可能会认为你的沉默是软弱可欺，他会更加得寸进尺，更加肆无忌惮。在必要时给予适当的回击是完全应该的。对于这种人的造谣诬陷，你可以理直气壮地质问他：你是听说的还是亲眼看见的；如果是听说的话，那又是听谁说的……一定要追查到底。如果他说不出个子午卯酉，那么或者让他赔礼道歉，或者让他在一定范围内澄清事实真相，或者诉诸法律，对簿公堂。总之，忍耐是有限度的。任何人都不能欺人太甚，否则将会搬起石头砸自己的脚。不少名人受到诋毁，在万般无奈的情况下，以法律为武器，结果不仅挫败了对手，也维护了自己的声誉和尊严。

（李邦云）

做个受欢迎的人

人活在世上，除自己而外，还有许许多多在各方面和我们有关联的人，我们的生活能否快乐，很大程度上取决于我们与其他人的关系如何。可以说人际关系良好的人，往往比人际关系欠佳的人更为快乐，这就需要我们去创造和谐的人际关系。

说到创造和谐的人际关系，各家说法不一，但其基本原则不外乎以下几种：

一、重视别人

重视可以提高价值，人都希望提高自己的价值，我们要随时随地地表示对别人重视，例如，别让人干等；对无法马上会见的客人，要让他知道你知道了他的来临，而且会尽量赶来见他；常衷心地感谢别人；要"特别"对待人。

说到特别对待人，意思是承认各人的独特价值。例如，如果你对不同女孩说同样赞美的话，被赞美的女孩一定以为你轻视她，如果你说她唱歌有独特的韵味，那她一定有不同的感受。再者，人都讨厌自己被归类为"一般顾客""大众""已婚者"这些团体内。譬如，我们都喜欢能对自己特别招待的餐厅，只要服务小姐指名道姓地说："张先生，平常我们不是这样烤，今天为你而例外。"那么，张先生一定会感到高兴和满意。

二、及时称赞别人

每个人都有渴求别人赞赏的心理。并且，为了得到赞赏，差不多让我们做什么都心甘情愿。诚意的称赞能使人精神高昂，增强自信，主动表示友好合作。世上没有完美无缺的人，也没有一无是处的人，找出别人的长处和值得称赞的地方，便能使对方改变作风，并消除对你的成见。

注意，称赞的两个原则是：一要由衷，而非虚情假意，否则效果适得其反。诚恳地说"你有一双我见过最美的手"比说"你是世上最美丽的人"效果要好得多。二是称赞他本身，不如称赞他的行为或作风。称赞"王小姐，你最近打字越来越快"好过说"你是最优秀的员工"；称赞"李小姐，你上周营业额高居第一"好过"你是本公司最佳营业员"；说"你的头发真好看"好过"你是个大美人"。

称赞他人行为而不称赞为人，可以避免偏见，也不会使对方尴尬，若你告诉别人："你是一个伟人。"别人会猜度你说这话的本意为何，甚至怀疑你是在拍马屁或讽刺他。

三、不随意批评

批评的目的不在打击对方，而是使对方改善。非不得已不要批评别人，尤其不可背后议论。批评的窍门是；

第一，要私下进行，不要在第三人面前，使他丢面子，他就会反驳或怀恨。第二，要先说些贴心话再批评，制造了友好气氛，使对方不防卫。如："老季，你的工作能力很强，公司很肯定你的成绩，只是，有一点要请你解决和改善一下……"第三，要做到对事不对人，避免伤害他人自尊。例如，不要说"你不行"，说"你能做得更好"；不要说"你怎么算错了呢？"说"这数目请你重算一次"。第四，要看关系、论交情，决定批评的语气。交浅不言深，最好不要逾越应有的限度。

四、不引起别人疑忌

引起众人注意是一种推销自己的方法。引起别人的猜疑和嫉妒，那就有害无益。必须注意的有：

有能力的人，不必在言语或行动上显露锋芒，应该冷静地了解环境，再适应环境，得到大家的认同，然后再来改造环境，自己打破平衡的局面，势必引起大家心理上的不平衡。这时要更加谦虚有礼，切勿沾沾自喜。得意时最容易得罪别人，应该小心。所以，有功劳蒙上级赞扬或奖赏，要想办法与人分享或表示功由众成，衷心感谢大家的帮忙。

要有同台演出的概念，切记不可唱独角戏，勿急于自我表现，一味逞能，低估对方或欺骗对方，自以为是，必须互相重视和赞美，产生一体感，这样才能减少别人的疑忌。

五、倾听别人说话

能专心聆听别人的说话，表达真正关怀之意，才能变得知心好友。可是，现代社会，太多人急于表达自己的心声。

大家都知道，人始终对自己的事情最感兴趣，如果对方说："我女儿考试排第二。"这时，你不要插嘴浇冷水说："我儿子年年考第一。"如果她说："我刚买了一条金项链。"你就千万别说："我先生刚送我一颗一克拉的钻石坠子。"此外，聆听别人的想法和心声也很重要，倘若朋友告诉你因为做错了一件事情而感到不妥时，你可别轻蔑地说："你每次都那样。"对方兴致勃勃谈论自己的发展计划，你应该适时表示鼓励，而不是冷淡说一句："哦，这一行我没兴趣。"倾听别人的谈话，以对方为主，会使对方认为你是一个懂事的人，对你的评价会很高。

六、给人以真诚的微笑

微笑的意思是：我喜欢你，很高兴见到你，使我快乐的是你。微笑不花费什么，但却有意外的收获，它丰富了那些接受微笑的人，而又不使发出微笑的人失去什么。微笑能创造家庭欢乐，建立人与人之间的好感；它是疲倦者的休息，是悲哀者的阳光。

（吕兆平）

你跟对"老大"了吗？

　　吴宇森版的《赤壁》里有个"雷人"小段：孔明东吴之旅，搞定了"孙刘联盟"。之后，周瑜到刘备地盘回访，赶上皇叔正编草鞋，关二爷一旁解释："这么多年，我们哥儿几个穿的草鞋，一直是大哥给编的。"此语一出，电影院满是笑声、掌声。

　　"我不觉着搞笑，看到这我被感动了，"一个朋友在 MSN 上感叹，"多好的老大呀！"

　　"既金戈铁马又儿女情长，既胸怀天下又体贴入微，既江山美人又兄弟情深。这样的老大能不成事？"这位兄弟慨叹。

　　环顾企业界，但凡成事的企业中，这样的老大不在少数。柳传志、王文京等在中关村混出来的企业家，对身边兄弟、创业元老、一众下属的体恤、提携、关爱是出了名的，在公司干，自不必说；离开公司，退休的养起来，创业的给本钱。

　　近几年风光无限的马云、牛根生、史玉柱等人，比起柳、王等人，有过之而无不及，所以才能在各自领域出人头地、跟随者众、所向披靡。

牛根生就老大的当法，曾有过肺腑之言。他说，这世上的企业，最初成立时情况其实都差不多，几个小兄弟，几条破枪，每个人总共也发不了几发子弹，就和正规军干上了。可是，这后面的差距逐渐就扩大了，有的人越干声势越大，有的人越干动静越小。原因当然是多方面的，但有一条很有共性，那就是"财聚人散，财散人聚"。

牛根生说，如果把企业比作一辆公共汽车，那么，老大只是这辆车上的司机而已，本车核心目的是把来来往往的乘客运到他们想去的地方，只有乘客安全抵达目标，司机才有资格收取车费。如果司机误以为自己是中心，乘客是陪衬，那么，整个定位就大错特错了。所以，"金本位"成不了企业家，"权本位"也成不了企业家，"人本位"才有可能成为企业家。

有人非议阿里巴巴的商业模式，但从来没有人非议阿里巴巴的团队；有人非议马云善于炒作，但从来没有人非议马云的管理艺术。创业多年，阿里巴巴从来没有人提出来要走，公司最初的18个创业者，现在一个都没有少。

马云说："进了公司，就是朋友，我是捏他们的水泥，他们是石头。阿里巴巴也是水泥，沙滩上的小石头，可以捏在一起抗衡大企业。团队的合作精神就像拔河一样，无论方向朝哪里，只要大家一致，总能赢。"

阿里巴巴周六、周日总有很多人在加班。马云说："其实你们认为这是工作，我们认为是工作更是快乐。""我付员工的工资可能不是同类公司里最高的，但是我自信工作起来，阿里巴巴的员工是最开心的。如果管理层问题重重，那你谁也吸引不过来。这帮人都是聪明人，前景好，能做事，他们才来。"

马云的凝聚力从何而来？阿里巴巴一位创业员工说："我感觉他本质非常好，非常善良，比较照顾周围的人，而且不是应付也不是应酬，而是发自内心的关心。他把我们当朋友，他付出从来不讲回报，他很平等待人，而且做得很正。很多事情我们觉得很困难，可是他却说，你看我们还有这么多希望，跟他工作很高兴。生活永远是两面的，你看到一面特别抢眼就看不到另外一面，他启发我们看另外一面，困难的时候我们也没怎么愁云惨淡，很开心就过来了。他的性格也很好，这些都影响了我们。"

对弟兄们关怀、体恤、提携，史玉柱是出了名的。他二次创业初期，很长一段时间，身边的人连工资都没得领。但是有四个人始终不离不弃，他们后来被称为四个火枪手：史玉柱大学时期的"兄弟"陈国、费拥军、刘伟和程晨。这种非常的凝聚力源自对弟兄的"有情有义"。

在刘伟等内部人看来，史玉柱是个重情重义的人。五年前，陈国车祸，史玉柱连夜从兰州飞回上海，全公司停掉业务给陈国办后事。此后每年清明，史玉柱都会带着公司高层去祭奠。对高层用车，也只用SUV，并禁止在上海之外自驾车。与史玉柱一起爬过珠峰的费拥军，说起追随多年的理由，用的是"亲情"一词。他们相信这一点。在公司财务困难的时候，程晨甚至会从家里借来钱援助史玉柱。

不久前成功将51.com公司25%股份卖给史玉柱的庞升东，他的公司内部文化特别人性化，比如：每天下午3：00~3：30，有半小时休息时间；每年员工必须带家属体检，体检报销2000元，不带家属体检的罚款20元；女员工化妆的，有彩妆补贴……

这样的政策，让员工时刻感到企业的亲和力和凝聚力，这在新生的互联网公司是很难得的。

"2006年年底的体检中，一个员工的母亲查出肿瘤早期，医生说晚半年就没救了。现在他母亲手术很成功，每个人都开始主动带家属体检。我希望创造一个和谐、健康的公司环境。"庞升东说。他拿出大学时的日记，上面有一段关于创造和谐的文字，还被划了好几道重点线。

老大天生不是孤家寡人，一个不关心他人的人，没有资格把别人的命运与自己捆到一起。即使勉强捆到一起了，也是悲剧多于喜剧。作为老大，一定要懂得与他人分享。一个不懂得与他人分享的人，不可能将事业做大。

只有当老大舍得付出，舍得与员工分享，员工的生存需要、安全需要、尊重需要就从老板这里都得到了满足。员工出于感激，同时也因为害怕失去眼前所获得的一切，就会产生"自我实现的需要"，通过自我实现，为老大做更多的事，做更大的贡献，回报老大。这样就构成了一个企业的正向循环、良性循环。这是马斯洛理论在企业层面的恰当解释。

分享、体恤、关爱，对老大来说，是事业成功的不二之选。

很多今年刚毕业的孩子都问笔者，去什么样的单位谋个差事打份工呢？公司沉沉浮浮难以判断，但老大人品怎么样看起来不难，所以，一句话：

嗨，跟对了老大！

（杨润泽）

爱是最贵重的礼物

　　五年前的秋天，她刚刚大学毕业，独自去了九寨沟。她习惯一个人行走。从纷繁尘世里抽身不易，一旦有机会，便只想散漫自在，走一个人的江湖。何况，与花草对话，与山水同在，身边多了人，便不纯粹。九寨沟，更适合一个人行走。美丽绝伦的秋色，让她忘却了留意脚下，一根树枝绊倒了她，她的脚便崴了。她无助地坐在路边，一筹莫展。

　　他随省青年摄影协会采风团进山采风，这里的秋色，他每年都会想方设法来大"摄"一番。这次，一张照片还没拍，就遇到脚踝肿得跟馒头似的她。他毫不犹豫地离开了队伍，把她背一段扶一段，送到车站，扶上车，又不放心，干脆送她回城，然后又去了医院。她是这个城市的异乡人，伤了累了，都要自己扛着，他不忍丢开手走人。

　　那是她第一次与异性如此亲密接触，神秘紧张又柔软渴望。他这一路的细致呵护让她无比感激，他洒落的开朗、清脆，一点一滴装进了她的心里。临别时，他突然说，我今年什么也没有拍成，你要赔偿我损失，明年要陪我一起进山看枫红。她的脸腾地红起来，轻轻地点了几下头。

第二年的秋天，他和她如约去了九寨沟，他一遍一遍地用摄像机的镜头记录她的快乐。她如同时光的公主，快乐地曼舞，一笔一笔勾勒出美丽的弧度。

她迷迷糊糊中，习惯地把手伸到枕头下，摸到那只红玛瑙手镯，顷刻间心意就柔软了。这手镯，是他送的。不名贵，但手感质地都很好，特别是那色泽，仿佛整个秋天整座山野的枫红都揉进去了。

送的时候，他说，看着顺眼，直觉你会喜欢，便买下。不是名贵的玛瑙，价格不高。是因为价格不高，她才会坦然收下，还是因为送的时间特别，她才会如此幸福甜蜜地收下？她不知道。现在，她脑子里一遍遍回忆的，是他送手镯的场景。

相识后第二年的冬天，遍地飞雪，大得吓人，中国遭遇五十年不遇的大范围雨雪冰冻天气。她去成都出差，回来时，车没开出多久就被堵在了高速公路上，她冷得手足发麻，手机在给他发完最后一条短信后，便没电了。正当她又冷又困又饿时，她听见有人在喊她的名字。竟是他，在风雪中，走十几里的路，一辆辆车找过来。快被冻僵了，才找到她。他给她戴上这只手镯，然后紧紧地把她拥在怀里。这时，似乎有温暖的阳光，穿透沉沉阴霾，车厢里响起热烈的掌声。

这手镯，她一直戴着，手感滑腻，质地圆润，色泽艳丽，戴在手上，是一种被环护、被呵护的熨帖舒适。他这个人，也像这手镯。相处越久，越觉"恰到好处"。

不久，他便被单位公派美国留学两年，但他的嘘寒问暖日日通过E—mail传递过来，她觉得天涯也可咫尺，这手镯须臾不离她手腕，就像他从未曾离开她一样。

后来她的单位搬迁，新办公室换了胡桃木的办公桌，桌面很宽，在电脑上敲点文字，镯子一下一下碰着桌面，那种并不尖锐的声音，却让她心慌兮兮，直担心伤着它，连文字也不流畅起来。下班便不敢再戴。

一次在家里，洗着碗，手镯在腕上，塑胶手套紧紧护着的。谁知，手一滑，竟砸到橱柜的拉手，一声清脆的声响，心被提到嗓子眼上，幸好镯子没事，她却再也不敢戴了。好好地收在枕边，一早一晚，都看一看、摸一摸。

这天出门上班前，她像往常一样，拿起手镯，抚摸一会儿，然后轻轻说再见，再放回粉色的丝绒盒里。晨光中，这手镯泛起晶亮柔和的光泽，像一道媚眼，摄人心魄。她握住它，再不愿放下，轻轻地套进手腕，她想今天就戴着它上班去，心里是忍不住想奢侈一番、纵容一下自己的快乐。

在MSN上，她告诉他：今天戴着镯子呢。

他说：可惜它不名贵，你值得戴更名贵的！

她心底暗自笑了笑。名贵的镯子，会让很多人怦然心动，但，能让人心生柔软的，必定是因了送镯子的那个人、那份情。在她心中，世间最宝贵的，莫过于他和他的爱。

他又说：还有一个月，我就回去了。到时候，我有最贵重的礼物给你，请你收下，并要回赠我同样的！

她的心猛然亮堂起来了，她知道他指的是什么了。他曾说过，爱是最贵重的礼物。对相爱的两个人来说，婚姻更是，因为婚姻是交付彼此的一生一世。

这个深秋的早晨，她在钢筋水泥都市森林里奔波，在狭小的格子间里忙碌，却因了手腕上这红玛瑙手镯，整个秋天的枫红都到了眼前。她的心间，似有弦歌在吟唱。

（施立松）

人生不止一条起跑线

　　9岁时，他的父母离婚了。他从上海来到成都，与爷爷奶奶一起生活。转学时因为考试成绩差，降了一个年级就读。

　　在学校，浓浓的川腔他听不懂，"上海老表""父母离异"成了同学嘲笑他的话柄，他气愤过、苦恼过。但每天操场的两圈跑步和打篮球的习惯，冲淡了他心灵上的痛苦。

　　16岁那年他高考落榜，父母把他送到美国俄勒冈州米歇尔高中毕业班，小镇仅有350人、一家商店、两家餐馆、一家邮局和一所学校，全校学生不到50人，与国内落差太大，加之环境生疏、语言不通和高考失利的阴霾，他每天沉默寡言。

　　有一堂物理课，杰克逊老师提问时，他没有听清问题，答得风马牛不相及，全班哄堂大笑。他羞愧难当，下课后冲出教室，跑到学校附近的一片小树林里，猛扑倒在草地上，满眼泪水夺眶而出……不知何时，杰克逊老师来到了他的身旁，轻轻地抚摸着他的头。正好他脚边有一只蜗牛，纤弱而透明，吃力地慢慢地向前爬行。

　　杰克逊老师突然问他："你知道蜗牛要到哪里去吗？"他摇了摇

头，杰克逊指着前方说："你看那里。前方是一座山，蜗牛要爬到山顶上去，能够到达金字塔顶端的只有雄鹰和蜗牛这两种动物。蜗牛也喜欢择高而立。我相信只要它努力，最终会爬上山顶的，在那里所看到的景色和雄鹰是一样的！"一番话，让他茅塞顿开。他广泛交友、酷爱运动，成为校篮球队主力，评为学生进步最快奖；几个月后基本掌握美式英语发音，能轻松听课发言了；割草、维修铁栅栏、骑马放牛、汽车维修、自驾车去荒漠……这看似与学习无关的"粗活"却在一点点地锻炼他的心智。他的成绩也扶摇直上，一年后代表优秀学生团体在毕业典礼上发言，校长私下告诉他，若不是他最后用中文说了句"谢谢大家"，校长差点忘了他是位中国学生。

坚韧、顽强、自信、独立思考、团队精神等软实力，一点点地在他身上成长，他一路高歌，考取了东俄勒冈大学，后来转到密歇根州立大学获"最佳学生"称号。他梦想考取哈佛大学商学院，前两次GMAT考试失败后，他没有放弃，调整心态，第三次轻松地考过。2006年他成为Dell最年轻的全球供应经理。2008年美国金融危机，哈佛大学商学院三成学生没有找到满意的工作，他却一下子拿到了花旗集团、三星株式会社、LG电子、苹果计算机和美国篮球联盟等5家机构的聘书。

2009年，他从哈佛毕业，毅然选择到花旗银行工作，尽管与其他4家公司相比，花旗待遇是最低的，但是在他看来，工作中可以锻炼的能力和学到的东西是其他4家公司的数倍。他被派驻到巴西，成功组建了南美银行界第一个专门服务中资企业的金融团队，他被总部评为最佳新员工，是花旗银行10名"全球领袖计划成员"尖端人才之一。

然而2010年，他又作出了一个让很多人觉得不可思议的决定：放弃花旗广阔的事业前景，回国加盟联想集团发展。

这个输在起跑线上的哈佛男孩叫于智博，今年29岁，世界500强企业联想集团总裁高级助理。他说："人生有多个起跑线，也许我落后于人，但并不见得会永远落后于人，找到属于自己的最佳匹配，才是最重要的。"于智博向我们证明，人生不止一条起跑线？

（海明）

那一年，我十六岁

时光像细沙一样在指尖悄然滑落，那些以往的白驹过隙，在流逝中沉淀成黄昏的风景。街灯悄然间赠予我孤单的背影，或许不觉中我已不再依赖别人的陪伴。十六岁的我，些许伤感地成熟了。

那些梦里曾有过的风景，那梦幻般的南瓜马车、漂亮的水晶鞋已渐渐远去，就在流年的岸边行走，我看到那些曾有过的回忆，那些映在水下的美好，如镜中花、水中月，空灵却不可触及。

我开始梦想游走在江南水乡，孤身一人体味那细腻的豪情。可是突然在某一天，我注意到那不曾理会过的伤感。姥爷的离去，姥姥的沉默，爸爸的批评和妈妈充满忧虑的注视……于是我开始向前努力地奔跑，摆脱那些浪漫的憧憬，携着那些我爱的人和爱我的人的期盼，奔向另一个端点。

就这样改变，带着些许的伤感和不舍起程，而那一年，我十六岁。

不再是那个雨中调皮的蹦跳的小女孩，不再是那个整日梦想着悠然的女孩，现实给我一个残酷的选择，我选择了虽然痛苦却有未来的那一个。于是梦中的花纷纷凋落，我开始为自己缀连一份更美好的怀想，带着那份怀想，我坚定走向心目中的那条路。

就在十六岁，木棉花开了，木棉花败了，那些曾铭记的东西，就在我的铭记中逐渐被遗忘。是时间太悠长、太遥远，还是我已走到记忆的断桥，无从追溯。

我知道我只有两条路，抑或沉睡在梦中，抑或破茧、羽化。

我选择了十六岁伤感而漫长的征途，我的十六岁，究竟是伤感的还是美好的，我无从断定，可它应该是难以磨灭的一年，这一年，我的心痛了，那个爱做梦的小女孩儿，长大了。

（李金芮）

不再等待杰克

丹佛一个寒冷的冬日，我挤在人群中期盼着心目中的英雄——杰克·甘菲尔德。他是畅销书《心灵鸡汤》系列的合作者、《成功原则：如何从脚下走到向往之坳》的作者。他在书中诠释了自己走过的路——作家、演说家、成千上万人的启迪者。使自己成为年轻人的偶像——成功、善良——世上一切皆可能的梦幻般人物。我在想，"我要是能结识他，我就一定能成为他。"

上帝眷顾我，不但让我见到了他，还让我近距离地听到了他的演讲。

讲演结束，我排队等候与杰克正式见面并大胆要来了他的个人电邮地址。接下来的几个月里，我给他发了很多长长的邮件，告诉他我的憧憬和梦想，他很客气地回复，并用如下的话语鼓励我，"不断思考，胸怀大志，这样才有意义。爱你的，杰克。"后来因为忙于其他事情，热情渐渐消退，我不再与杰克互通电邮了。

一年过后，我的那些梦想已变得荡然无存。就在自己已经心灰意冷的时候，我突然想到，如果再次与杰克联系，他没准儿正好能给我急需的完美鼓励。我缺的就是能够激励我行动起来的东西，一个指引我前进方向的大大箭头。

我又开始给他发电邮，反复地发——可却没有回复。坐在电脑前第十五次寻找的时候我猛醒了，我在干什么？啊，我在等待！我在等待杰克的激励。有意义吗？我猛然意识到等待是小孩子的做法，等待长大、等待驾照、等待高中毕业上大学，等待自由自在的生活，然后再等待知晓如何打发日子，没完没了的等待，空想生活的奖赏就在前面。

我开始意识到，杰克走过的路就是答案，他填补了我内心中缺失的东西。

奥利弗·温德尔·福尔摩斯的一句话划过我的脑海"很多人怀揣音乐死去。"顷刻之间我明白了，我现在该行动起来而不是等待。我的灵感如同电石火花在脑海里闪现：我要写本书！一本关于等待的书，就叫"等待杰克!"转眼之间想法和章节的标题都有了。

一切听起来都那么美好，但现实就没那么简单。有些夜里我哭了，想到放弃；还有些夜里庆幸自己的勇气。我写，重写，全部撕掉，烧光剩下的一切从头再来。我聘来编辑，改变方向，又改回来。我在月光下独舞，在地板上蜷缩成一团。我告诉大家自己在写作，转眼之间又后悔不该这么张扬。我成长、萎缩，再成长，跨越一个一个的障碍，超过我想到的高度。

幸运的是，我把自己沉浸在个人成长的想法中，得到了任何人都希望得到的动力。我知道我能够"感到害怕并战胜它"，我知道该如何采取行动，我知道甚至当身上的每块肌肉都告诉我停下来的时候该如何继续前进。

我们每个人都有一个要等待的"杰克"——不论是个人、某个地方还是个东西。我们误以为生活的奖励近在咫尺；任何地方都比此地好；总有一天我们会到达目的地；一切都会很正常。所以我们不去尝试，我们放弃，我们输得精光，我们忘记自己是谁。我们害怕成功、害怕失败，害怕说我们害怕，正如韦恩·格雷茨基所言："不行动，就等于放弃。"所以我不再等待，拿起笔来。

三年后，《等待杰克》成了亚马逊网上的畅销书！我以自己从未想象过的方式成长起来，知道了自己能做到以前认为不可能的很多事情。

现在我问你，你在等什么？

（沈畔阳　译）

那些没有被相中的女孩

江苏卫视《非诚勿扰》节目报名者众多，能上镜的嘉宾都是经过重重筛选的。有的女孩美丽动人，有的温婉可人，有的深沉含蓄，有的锋芒毕露，总之是个性突出，各有千秋。有几个场景给我留下了很深的印象。

一个场景是这样的，在最后环节，男生反问选中他的女生：我想知道你的梦想是什么？

其中一个女孩握着话筒，想了片刻，缓缓回答道：我还真的没有想过我有什么梦想。我好像没有什么梦想。

台下的女孩看起来很年轻，大约只有二十四五岁，正值一生中最好的年华，而她居然没有梦想。也许在她看来，没有梦想、没有憧憬、没有希望，也就不会有失望吧，这样的人生没有大起大落、没有狂风暴雨，也许更加实际、更加安全吧。

而在我看来，每个人都应该有梦想。梦想是心灵的思想。没有梦想的人生，心灵是一片荒芜的土地，就像沙漠没有绿洲，就像海洋没有尽头。黑夜给了她一双黑眼睛，她却不用它来寻找光明。

男孩最后选的是谁，我已经记不清了，但是，我敢肯定的是，绝不是这个没有梦想的女孩。

第二个场景是，男生问女生：你最近读的一本书是什么？

一个女孩回答道：我不记得了。一个回答说，我最近读的是《围城》，不过我看不懂。还有一个说，我最近读的是要参加考试的专业书。

不记得读了什么书，可见不怎么读书。即使读，也是囫囵吞枣、不求甚解。读不懂《围城》固然可以理解，她还年轻，还不懂围城的含义，当然读不懂。孺子可教。为考试而读书也无可厚非。男嘉宾选了谁不重要，重要的是这个问题。

宋人黄庭坚云，士大夫三日不读书，自觉语言无味，对镜面目亦觉可憎。也许此言太过夸张，不过腹有诗书气自华，君不见只要是来自名牌大学的博士或者是学有所成的海归学子，只要是这些嘉宾一上台，报上家门，台下必定是掌声四起。由此可见，读书人还是很受青睐的。书是人类进步的阶梯，是丰富心灵、滋养心灵的土壤。一个人缺乏丰富的物资可谓清贫，而一个人思想的干涸才是真正的荒芜。只是现在越来越多的年轻人走向了荒芜。

第三个问题，男生问女生：你在生活中会照顾人吗？

一个女生娇滴滴地说：我自己都照顾不好自己，忙的时候连饭也忘记吃，经常要家人提醒，就不要说照顾别人了。说这话的时候娇羞可人，一看得漂亮撒起娇来也是让人怜爱。另一个女生说，我虽然是和家人一起住，但是家务活我都会干，我会照顾自己，也会照顾家人。这个女生没有前面那个漂亮，职业也不如前者。但是男生选择的是这个会照顾人的女孩，他说，他要选的是独立的女孩。

女孩美丽、让人赏心悦目固然好，但是如果只能当一个花瓶，不仅不会照顾别人，连自己也不会照顾，试想，哪个男人愿意娶一个人来伺候呢？

一个男人不会因为女人的美貌爱她一辈子，而会因为女人的美德爱她一生。这也就不奇怪了，为何有的女孩一直高高站在舞台上，却迟迟没有被男嘉宾领走，应该好好想想，问题到底出在哪里。

（郑如）

三杯茶

世界第二高峰乔戈里峰，时间1993年3月，一个叫摩顿森的美国人正在挑战这个世界第二大高峰，他想沿着巴基斯坦境内的山坡登上山峰，但意外却发生了。

雪崩蜂拥而来，他被无情的白雪覆盖在山峦下面，两天两夜时间，他凭借着雪堆中残存的氧气生存下来，但饥饿时时折磨着他的肉体与神经。

幸运的是，与他同时被雪崩覆盖的还有几个巴基斯坦马尔蒂人，他们熟悉雪崩的救援流程，他们首先自救成功，意外地发现了摩顿森，将奄奄一息的他也救了下来。

摩顿森醒来时，感觉半个身体失去了知觉，他看到了面前的马尔蒂人，将他们当成了强盗，摩顿森感觉又进了龙潭虎穴，他们用马尔蒂语问他哪里不舒服？他却听不懂他们的话，只是用右手指自己的另外半个身体，接下来的几天时间，他们经历了千辛万苦和许多生死劫难，为了将他抬出乔戈里峰，马尔蒂的一个成员竟然意外掉下了无情的山峰，他们并没因此将他放下，而是始终不离不弃地将他救回了马尔蒂人的宿营地。

摩顿森醒来时，看到几个彪形大汉手持着刀子，旁边煮沸着热水，本能告诉他，他们可能要对自己动手了，他挣扎着想说什么，却浑身无力。马尔蒂族长亲门主刀，刀子扎进了摩顿森的身体里，原本麻木不仁的身体突然间产生了疼痛的感觉。

再次醒来时，却发现自己的全身裹着绷带，马尔蒂的族长寸步不离地照顾着他，他们请来了英语翻译，英语翻译告诉他：他们在用原始的方法救治他的身体，这会很疼，但效果很好。

摩顿森坐在小桌前面，族长告诉他后面有一壶烹制了一百年的茶，茶叶和水一直向里面续，但火却一直未曾熄灭过，这也是马尔蒂人结交朋友的最佳表白方式。三杯茶摆在摩顿森前而，第一杯茶表示你我是陌生人，第二杯茶表示你已经是我们的朋友，最后一杯茶则说明你已经是我的家人，我将用全部的生命来保护你。

摩顿森回到美国后，用大半生的时间写了一本叫作《三杯茶》的书，这本书阐述了自己在马尔蒂得到悉心照顾的亲身经历，着重介绍了马尔蒂人的友谊与交际方式。这本书的出版，赢得了空前的关注，《纽约时报》评论说这是一个美国人对于生命的全新承诺。

其实每个人在与陌生人的交际和沟通中，都需要这三杯可贵的茶，茶叶飘香，盈人彼此的胸怀，将陌生和羞涩驱散，残留下来的，尽是倾心与和谐。

（古保祥）

才子佳人，月色不老

　　十八岁那年，尚在北京大学读书的俞平伯，奉父母之命娶了亲，新娘许宝驯大他四岁，一个裹小脚的旧式闺秀。五四运动后，逃离旧式婚姻，是潮流，像俞平伯这样风流倜傥的年轻人，爱情该是轰轰烈烈，千回百转。但这桩不被看好的旧式婚姻，他们一走，就是一生一世。

　　说来，俞平伯是幸运的，父母为他铺下的婚姻路，并没堵住他的幸福门，许宝驯清秀纤细，温柔贤淑，有细细的凤眼和清脆而绵软的嗓音。她的脚虽然裹小了，但系出名门的她，自幼受到良好的家庭教育，琴棋书画无一不通，能填词谱曲，尤擅唱昆曲。他与她，从小青梅竹马，"知音好在垂髫际"，而今柴米夫妻，君心我心，心心相印，他们是左手与右手，熟悉、亲切又默契。

　　新婚宴尔，如胶似漆，琴瑟相偕，海棠花里，明月窗前，处处是醉人的光阴。新婚初别，俞平伯"乘早车入京读书，环立楼前送我，想车行既远，尚倚立栏杆也。不敢回眸，唯催车速走"。一"尚"，一"不敢"，道尽别情依依，两情缱绻。

北大毕业后，俞平伯拒绝了外面的锦绣前程，回到杭州第一师范学校执教，居住在西湖边孤山俞楼，与西湖山水，与妻子，朝夕相伴。西湖秀丽多情，一池春水，演绎过多少漫天的风花雪月，夫妻俩听雨观云，赏月眠花，唱诗和问，曲画互娱。俞平伯创作，许宝驯为他抄誊，他出版的第一部新诗集《冬夜》，她亲手誊写过两遍。他研究《红楼梦》，著《红楼梦辨》，她是他的"脂砚斋"，红袖添香，也朱笔点评，只这一书，便奠定了他一代"红学大师"地位。闲暇时，夫妻俩深研曲学，许宝驯自幼延请名师学唱昆曲，嗓音婉转悠扬，拍曲字正腔圆，《游园》"袅晴丝"一曲，她唱起来，行腔优美，缠绵婉转、柔曼悠远。对多才多艺的妻子，对这桩婚姻，他是欢喜的、满意的，受许宝驯雅好昆曲的熏染，俞平伯也迷恋上昆曲。他的嗓音不美，发音很特别，甚至有点儿五音不全，常常引得妻子哈哈大笑。他们还专门延请笛师来家中拍曲，俞平伯填词，许宝驯依照昆腔制谱，她演唱，他打鼓，鹣鲽情深，俨然一对神仙眷侣。俞平伯曾感慨，因为我爱妻子，所以我爱一切女人。因为爱自己的妻子而泽及天下裙钗，俞平伯算第一人吧。

俞平伯申请到英国留学。可刚离开家门，他就开始想念妻子。轮船在茫茫的大海上行驶，海风吹着他单薄的衣衫，他一个人走在想她的路上，寂寞又凄凉。

（施立松）

以心灵照亮心灵

一

一日，在车站买票。售票员有序、利落地忙碌着，收款、打印电脑票、找零钱……就在她面带微笑用双手朝我递票和零钱时，由于窗台太滑，也可能她用力稍微大一些，那票差点儿滑到窗台下。

这时，她微笑着说："对不起，差点儿把票推下窗台。"

我心里顿时升腾起一股感动。如此暖心的话语、服务。

我朝她报以感激的微笑。"没关系。这窗台太滑。即使滑到窗台下也没有关系。"

生活中，那些小小的无心的错误或失误，在真诚的人们看来，决不会构成羁绊，相反，它们打开了心灵的一道道"缝隙"，从这里透出灿然的光束，温暖了彼此和生活。

二

那天，雨下了很久：由于地面非常不平坦，所以路上出现了许多水洼。

前面有两个行人———一对情侣，当我经过他们时，我提前放慢车速，这样地面上的水就不会溅到他们身上。

就在我跟他们擦肩而过时，他们朝我报以甜甜的微笑，并且竖起了大拇指，以示感激。

上苍总会安排一些坎坷的路段，来考验、升华、净化我们。

有些人为什么身后留下的是黑暗，就是因为他们太吝啬了，舍不得释放心里的那点光芒。

三

在一次考试前，我负责安排监考老师。

看到张小晴这个名字时，我心里想，安排她还是不安排她？因为她是一个跛子，上下楼极其不方便。反正老师够用的。出于同情，于是我就没有安排她监考任务。而且这样做，我估计没人会说不公平。

可是，当监考表张贴后，她却一瘸一拐地来到了我的办公室。她有些不悦地跟我说："韩老师，您是不是把我给漏了，再添加上吧。"

我先是一愣，旋即就明白过来了："哦，对不起，我再给你添上。"

在她看来，她一切都是正常的，包括她那残疾的腿。

——同情心是心灵的阳光，只有照在该照的地方，温暖才会被珍藏。

四

跟办公室的同事喝酒，不料喝得烂醉如泥。

第二天，有一个同事告诉我，昨晚多亏了同事小杜。

我不解，问其故。他告诉我，我醉了以后，大耍酒疯，哭、唱、闹、吐不止，而且吐了她一身。

这应该是真的，但我醉后的事情不记得一点。

我深感惭愧，感到没有脸面见小杜了。再说，小杜刀一生气了我该怎么办呢？

我硬着头皮进了办公室，没想到，一进门，小杜就笑着跟我打招呼，并且问我，现在感觉好了吧？

一时间我又感动又羞愧。

让对方感觉不到尴尬，让对方有台阶下，让对方消除疑虑、担心……能够为别人着想的人，内心肯定是善良的、温柔的，肯定有一轮太阳，否则就不会映红对方的脸庞。

（寒青）

格 局

一只蚂蚁拖着一穗麦芒，它发现无法拽进窝里，就把麦芒拖到一边，为其他蚂蚁让路。

这，就是蚂蚁的一个格局。见微知著，人也有人的格局。

格局是一种气度，是一种情怀，是心灵里山高水阔，是精神深处天地澄明。有大格局，才会成就人生的大气象、大意境、大趣味。但无论多大的格局，首先要有一种容纳、一种尊重，胸怀里要盛有世界，心底里能装下他人。也基于此，太自私的人没有格局，太无情的人，也不会有格局。

中国人在建筑上是讲究大格局的。门楣要高，屋宇要广，庭院要深，然后，"杨柳堆烟，帘幕无重数"。其实，这也是每一个人喜欢的人的心的格局。襟怀要大，气象要大，三千里驿站与亭台，八千里疏云和淡月，在国人看来，格局一大，内心就会宏阔，精神就会逍遥，灵魂就会奔逸自由。

跟有大格局的人交往，有通透的快感。那感觉，仿佛你走在幽暗里，突然间，整个世界的窗户为你一扇一扇打开，然后，阳光匝地，风烟俱静。

大格局，说到底，是大眼界、大智慧、大涵养、大气度。也因此，小肚鸡肠的人、睚眦必报的人、锱铢必较的人，都难有大格局。心眼小，仇恨大，计较多，都会是心性的泥淖，难以让人清丽出尘，步人大格局的宏大境界。

不要在利欲熏心的人那里找格局，也不要在追逐权力的人那里找格局。一个内心被钱权诱惑和迷乱的人，是不会有格局的。真正的格局，只生长在恬淡的心境里。若一棵树长在旷野，风婉约地吹，云含情地过，花香偷眼，流水迷离，但它依旧是一棵树，坚守在旷野里，四野疏阔，八风不动。

才大而器小的人，有格局，但格局终会促狭；才微而德盛的人，有格局，且格局会越来越寥廓。才能会使格局的内在丰富，德行会让格局的外延宽广。有大才大德的人，即便是眉宇方寸之地简单得一念流转，也可见大格局澎湃。

欲望是格局的大敌。无论多大的格局，一经欲望和贪婪咬噬，就会眼界短浅，就会襟怀窄小，就会肚量褊狭。一个人，若从大格局中滑落下来，属于生命的最炫目的光亮也就萎落了。之后，无论他再拥有多少，也再难见雍容华美的大气象了。

金岳霖深爱着林徽因，却宁愿隔着一生的距离守望。在他人生的最后，有人想得到他跟林徽因的种种故事。他说："我所有的话，都应该同她自己说，我不能说。"顿一下，他接着说："我没有机会同她自己说的话，我不愿说，也不愿意有这种话。"

　　我想，这该是这个世界爱的大格局了。这来自灵魂的格局，让人歆欺。

（马德）

一座城市的震撼与融升

　　故事从一个四岁的小女孩说起。思思，生在乡村一个穷家，患有先天心脏病。四年了，爸妈搜捡牙缝也没能攒够给她治病的钱。晚上，当妈妈看着她发紫的嘴唇和变形的手指哭时，她会忽然睁开眼睛，偎紧妈妈说："妈不哭，我一点都不疼，我会好好的……"

　　孩子不仅在忍痛，而且医生说再不救治就真的晚了！爸妈开始为钱苦想所有能想到的办法，奔走了几十天，东求西借，终于凑来了28000元。妈妈抱着思思到了湖南长沙，因为她听说长沙一家医院有针对先天性心脏病贫困家庭的救助计划，可以减免5000元治疗费。

　　就在这天傍晚，灾难中的灾难发生了！没见过大都市的妈妈问着走着也很难找到医院，只好花钱打的。可在下车后走了没几步，一个激灵，回身尖叫"车——"那辆的士已无踪影，她哇地哭出一声，同时栽倒在地。摔疼了的思思爬起来摇晃妈妈，妈妈醒过来才续上了那撕心裂肺的惨号："老天，救命啊……"思思也大哭起来，同时跪下来给围过来的人们磕头："救救我妈……"

　　有了询问的好心人，思思的妈妈绝望中将每个人都当成了救命稻草——钱丢了，手提包忘在车上了。28000元，那是借了几十天为救孩子性命的钱啊！求求大家……求求大家了……

围过来的人越来越多，都不忍心走掉，都对这很无奈的事揪心。有人报警，有人苦劝，还有人大声问"有谁看见那车的车号了？"大家都很着急，也都心照不宣，没有丝毫线索，钱找回来是不太可能的事了。连思思都听明白了人们的话语，抱住仍在发疯求救的妈妈，说："妈，咱回家吧，我的病没事的……"

一个过路的民警止步问情况，围观的人们都像是自己的灾事，七嘴八舌求起民警来。一个女人抱起思思哭说："这孩子太可怜了，太懂事了，想办法救救这娘俩吧……"民警说他不管这一片，但这事他一定管！

民警劝快急疯了的思思妈妈，说这事他马上想办法，让她先带孩子找个地方住下。思思的妈妈又给民警磕头，接着再给苍天磕头，哭叫："老天爷，求你帮我对那司机大哥说，那是救命钱，我就在这里死等啊……"思思也过去跪在了妈妈身边，哭："求求司机叔叔……"

奇迹，就从这一刻开始了！

民警交代已经是在陪伴围护的人们，让大家照顾好这对母女，他马上行动！周围没有一个人走开，陪着、劝着、一起等着，希望那司机真的能送钱回来。许多人焦急地看每一辆过往的车，本来都很"都市"的人们全都变成了天真的小孩子……

本来是下班回家的民警，开始全力救人了。可是，全市6000多辆的车，不知牌号也没有发票，怎么找？他先跟局里作了简单的汇报，然后驾车直奔湖南交通频道，他知道的哥开车的时候爱听广播，他想通过广播寻找那位司机，至少能让那司机知道那钱是救命钱，也许……

交通台马上派去几名记者来到现场，于是，现场与记者形成了感动的互动，人们的守护与等待，记者们的全力以赴，电台密集的连续播报，"思思""救命钱"这两个词儿很快让整个长沙城都能听见而且反复听见！

全城震撼了！警方全部出动，全力寻找！

所有听到广播的的车司机也自发行动起来了，相互询问，寻找线索，以"维护行业群体良心"的名义！

陪护那对母女的人们都在不停地打手机，打给所有认识的人和认识司机的人，求大家一起行动，别放过任何蛛丝马迹……

夜深了，那对母女还跪在那里，陪护的人都还在，就说明钱还没有回来。于是，一辆接一辆的的车司机开车来了，四面八方的市民赶来了，医院大门外从来没有过这样的人山人海！人们来干什么？送钱！挤着送、哭着送、求着送……想方设法将手里的钱送给那对母女，3000元、2000元、500元、100元、50元……幼儿和小学生的10元、5元……短短两个小时，这前所未有的自发捐款已经超过50000元！

妈妈惊呆了，小思思明白了，抱住妈妈大声劝："妈妈你别哭了啊！别怕了啊！你看城里人多好啊……咱不要钱了，我的病好了呀……"

许多人哭了，也有许多人恨得咬牙切齿——那司机怎么还不送钱来？这爱心城市怎么会有这样的司机？不可能啊！

医院感动了，主动接这对母女进医院，无条件医治孩子。不少人又买了吃的喝的用的送去了病房……

感动，继续朝着这座城市的深层浸透！

第二天，那个承载过思思母女的司机出现了。他说："我就是那个司机，可是，我没发现手提包……"他哭了，他说他愿意尽最大能力捐款，但他真的没见过那个包，他也是怕难以说清才迟迟没来……

这真是一件难以说清的事，可就在第三天，真正的奇迹出现了：一个男子给警方打电话，说他就是捡到那个包的人，是打的时在车上捡到的。他是这座城市唯一有罪过的人，为此他生不如死……他已经把包放在离医院最近的那座立交桥下了，希望钱能尽快回到那对母女手中！

警方马上去查看，包果然在那里，钱一分未少，28000元！

故事结束了，疑惑消解了，感动在漫延，思议在融升。名叫"思思"的女孩，在医院里一遍又一遍对妈妈重复她的一种思议："妈妈，世上好人真好啊，好人真多啊……我长大要做最好最好的人……"4岁的孩子，心中的万千思议还不能表达出来。思议人性，思议人类，思议善良与感动的联动奇迹，思议爱心与文明的群体定向——这深层思议中的震撼与融升，绝不仅限一个"思思"，也不仅限一座城市！

（张鸣跃）

你是谁的单向好友

一连串的烦心事,犹如一场狂风暴雨,将我的心淋湿。我把自己锁在屋里,不想见任何人,封闭了肉身,也封闭了心灵。

打开电脑,QQ闪烁不停,众多好友嘘寒问暖,而我苦笑不已。现实生活中的我在最困难的时候,都找不到可以依靠的人,我又怎会去相信这虚拟的世界。那一刻,我作出了一个荒唐的决定:删除所有的QQ好友。

操作之前,我先修改QQ资料,能空白的地方就留空白,必填的地方就用零代替。也就在这时,我惊讶地发现,QQ里有一项单向好友功能,也就是说他们的好友里有我,而我的好友里没有他们。那个刺眼的"604"数据表明,我有604位单向好友。一个个记忆里熟悉或者陌生的网名像针一样刺着我的心,让我麻木的灵魂感觉到了伤和痛。

我试着恢复了几位稍感陌生的好友。随意找了一个在线的好友,我机械地打出两个字:"您好!"对方很快有了回应:"您好?这么客气?你等一下,我打你的电话确认一下是不是QQ号码被盗了。"

之后，我选了一个资料显示为女性的在线好友，依然机械地打出两个字："您好！"对方也是很快有了回应："呵呵，我说今天没进财，这眼皮为什么总是跳个不停，原来是帅哥找我来了。"

现实生活中，我又是谁的单向好友呢？

关了电脑，胡乱编造了几个借口，打听来几个熟悉而又陌生的电话号码。我强迫自己假装很平常地跟他们聊些生活琐事，可惜落寞的语气将我内心的凄凉暴露得一览无遗。他们的回答一字一句都敲打着我自以为很坚强的自尊，痛彻心扉。

"不用跟我假装镇定了，听说你最近做事很不顺，以你倔强的性格，我都不敢先开口帮你出主意。"

"我知道你是一个很坚强的人，但很多事不是靠一个人的力量就能完成的，你了解我的，需要帮忙就直说，绕弯子的话朋友都没得做。"

"从学生时代起到现在，你总是极力掩藏自己内心的忧伤，从不向任何人倾诉，我连想安慰你一下，都找不到话题的重点。"

"什么都不用说，告诉我你现在在什么地方，我马上过去。"

曾经，我有很多的朋友，但我更信奉这样一句话：朋友遍天下，知己有几人？于是，以生活的奔波、工作的忙碌、学习的紧迫为借口，我学会了在时间的流逝中不知不觉地去淡忘，甚至遗忘一些人、一些朋友。春去秋来，草绿叶落，我固执地认为一切都归零了，殊不知，在他人的心中，我依然是他的朋友，彼此间从未曾走远。

阳光透过玻璃泻进屋来，温暖如潮水般将我淹没，泪水肆虐地涌出眼眶。

QQ里的单向好友是可以恢复的，而且恢复成好友之后，对方不会收到任何提示，对方会认为，彼此之间一直是好友。生活中的单向好友又何尝不是，你把对方当成好友，装在心里，不用常联系，不用常挂念，彼此永远是好友。

人生切不可偏执地认为，自己戴了灰色的眼镜，看不到四季的风景，世界就没了色彩。

（莎汤果）

情感之美

　　人是生活在情感世界里的，没有情感世界，宫殿即废墟、绿洲即荒漠，连幸福的影子都找不到。情感是人类生命的精神支柱，与人类休戚相关、生死与共。人世间情感有三：爱情、亲情、友情。

　　爱情，是一种纯度。爱情是两性间的专利。爱情是一曲慢四或华尔兹，慢悠悠地浮荡着宁静、悠扬、缠绵和恬逸，是两性间的爱慕、迷恋所产生的情感，有其激动人心的奇丽，也有浪漫辉煌的篇章，情在平日里沉淀，爱在理解中升华。爱情是一部交响乐，一个音乐盛会，那里有激越，有低沉，有肃穆与默契，有简洁与和谐，也有高尚与扶助。它是男女双方在生活中所凝固的情，有超越功利的恩恩爱爱，有日常生活的磕磕碰碰，有前进路上的坑坑洼洼，也有你说我说的是是非非。

　　爱情又是一种缘分，是人生之舟在风雨漂泊中的一座浩荡宏大、可以随时栖靠的心灵港湾。伴侣间的忠贞不渝和同舟共济，是人间神秘无瑕的真情，使人感到幸福，让人醉至忘却世间一切。两性间因爱情，演绎出许许多多或欢或悲或喜或忧或酸或甜或哭或笑的故事，直到地老天荒。

亲情，是一种深度。亲情比爱情更有凝聚力。世间的亲情与生俱来，从呱呱坠地的婴儿开始，就再也割舍不断父母的血脉，无论你是大款或高官，也不论你多么贫穷，心灵深处潺潺流淌的永远是无言的亲情。

亲情，血肉相连，超越时空，无论多久，无论多远，没有任何条件，不求任何回报，如小桥流水人家，有壮观的激流，有平缓的流程，涓涓甘泉，滋润心田，永不枯竭；

友情，是一种广度。当大部分人关心你飞得高不高时，只有少部分人关心你飞得累不累，这就是友情。它没有亲情那么重，也没有爱情那么甜，却是不能缺少的情谊。人生的旅途崎岖陡峭、坎坷不平，甚至荆棘遍野，在坦然处之的征途上，总会遇到这样那样的同学、战友、同事、老乡与你结伴同行。

朋友多了路好走。好走，是在你跌倒时有人扶起你再送一程，在你身单影孤、人微言轻之时所得到的一句忠言，在你患难之中所得到的一次解囊相助，在你失败、受挫或陷入困境时所得到的一种激励。激励，使人感到充实，它似炎热夏天的薄荷，含在口里感到清心；它似一条金光灿烂、平坦宽阔一直伸向前方的马路，弥足珍贵，给人信心，催人奋进。

家人是太阳，朋友是月亮。晒晒太阳生活安康，看看月亮心情舒畅。亲情给太阳，友情给月亮。在阳光下温暖，在月光下温馨。

爱情至圣、亲情至上、友情至重。亲情最可贵，爱情易沉醉，唯有友情值得回味。爱情经得起风雨，却经不起平淡；友情经得起平淡，却经不起风雨。亲情，一脉相承；友情，一生相拥；爱情，一世相随！这魂牵梦绕难舍难分的"三情"，让我们感受到生活的甜美、生命的充实和事业的慰心。

（宋守文）

我征服的是我自己

　　山东汉子翟墨第一次见到大海是在15岁，此后对大海越发痴狂，大海对他的召唤越发不可抗拒。终于在2007年1月，翟墨凑钱买了一艘二手帆船，开始了一个人的环球航行。

　　在白昼，翟墨和船一刻不停地乘风破浪，只有在晚上将舵放到自动挡上，方可小睡一下，但每小时都要起来查看情况，睡眠依然凌乱破碎。最长的一次航行，翟墨竟坚持了三十多天，神经绷得"嘎吱嘎吱"响，但仍是一心向前、向前、向前……

　　因为长时间无法正常地睡眠，在茫茫大海中只身航行更感觉孤单寂寞。翟墨后来说："海上航行那是真正的与世隔绝——绝对自由，却也绝对孤独。安静得可怕。我会不停地胡思乱想，觉得一切都失去了意义，特别希望有一只苍蝇或蚂蚁来陪我，就算鲨鱼也行。"

　　孤独到发狂和绝望，翟墨开始靠抽烟喝酒来承受心理上的煎熬，虽然这些都有违航海常识，但他真的什么也顾不上了。他也曾经后悔过，心想靠岸后就不这样玩命了，可是真的有机会上岸，将受伤的帆船修好后，他又忍不住继续自己无人陪伴、凶多吉少的海上大冒险。

在航行六个多月后，翟墨在印度洋上遭遇到了一次至今仍心有余悸的飓风狂澜。船上的风向表显示的是暴风11级，暴风掀起的惊涛骇浪高达十几米，在瞬间便把船帆撕成布条，风浪甚至将帆船自动方向舵上的一个螺丝生生打断，翟墨只好启动应急舵，仅靠人力掌舵航行。翟墨双手轮换掌舵，用一条绳子将自己和帆船牢牢地系在一起，抱着人在船在、永不放弃的决心跟狂风巨浪进行一次次殊死决斗。

这场九死一生的决斗持续了七天七夜，"昼夜我都用两只手轮换掌舵，坐着、站着、躺着、跪着、趴着，虽然调换姿势，但手一刻都没松开。靠岸时，我的手都僵了。"在飓风海浪中孤身航行，翟墨全身都挂过彩，有一次他的脚被划出一个大伤口，自己给自己注射麻药，还哆嗦着给自己缝了二十多针。他的右手腕也曾因用力拉帆而造成骨折，在海上难以及时正位而导致骨头突起：好在每一次历险，翟墨最终都能够安然度过，这里面勇气和智慧固然是决定因素，但谁又能够否认运气的存在呢？

这次环球航行历时两年半，自山东日照始，横跨印度洋、大西洋、太平洋，经过爪哇海、加勒比海，穿过莫桑比克海峡、巴拿马运河，途经40多个国家，环绕地球一周，翟墨终于在2009年日月16日凯旋，堪称完美奇迹。

当有人认为翟墨的环球航行体现了人对险境的征服时，他说："海洋没法征服，任何大自然的东西都是不可能被征服的。实际上征服的是你自己，海让你对大自然感到敬畏，让你觉得自己所知是多么有限。"

2010年10月，翟墨应邀参与拍摄了中国国家形象宣传片，向世界展示中国的海洋文明。现在，他的雄心更大，为参加2012年在法国旺底举办的帆船界顶级航海赛事"Vendee Globe"而秣马厉兵。这无疑又是对自己的无情挑战和强悍征服。

（草上飞鸿）

有心的胜出

计划科的科长离职了，科里的工作暂时由姚一康和莫凡挑大梁。他们资历相当，是最佳科长候选人，都在拨打各自的小算盘。我并不在意，因为我资历浅。

而恰在这时，老总在与大昌公司的谈判中遇到阻碍，他虽然满脸不高兴，但还是放了我们半天的假。于是我们跑出去又吃饭又K歌，因为我们头不抬眼不睁地忙了两个多月，做大昌的计划书。老总这是安慰我们。欢够了，我于心不忍，想着手中弄了两个月的计划书，还是回到办公室，将上午正在做的资料继续下去，算是有始有终，即使用不上了，留个样板参考也是好的。

第二天一上班，老总把姚一康叫去吩咐工作。姚一康回来后，宣布道："老总命令，把有关大昌公司的资料全部销毁。电脑资料删除，纸质的全粉碎。"大家都很震惊，这意味着公司最大的客户彻底失去了。我忙问："就算中止合作，干吗要销毁资料呢？假如以后……"刚说到这就被姚一康打断了："老总说了，没有假如。他是铁了心不跟大昌交往了。你们难道不明白老总的决心吗？"莫凡也点着头说："大昌公司出尔反尔，老总也是忍无可忍。"

其他人开始销毁起纸质资料来。电脑里的资料存放在一个数据库里，我自告奋勇去办。办公室里充满紧张的气氛。而最紧张的是我，本公司与大昌的合作已经好几年了，数据库里的资料真不少，把这些资料一气销毁，足见老总毅然决然了。我用了足足一个小时，才将里面的资料全部删除。

由于公司的经营出现暂时性困难，老总也把提拔计划科新科长的事放在一边。计划科的工作由姚一康和莫凡主持，看起来他们都进入了角色，我们其他人也认同这一点，新科长一定在他们两人中产生。

可是没过几天，意外的事出现了。这天老总冲进我们计划科，开白就问道："有关大昌公司的资料，你们是不是都销毁了？"姚一康和莫凡马上积极响应，说都已毁掉了。老总一跺脚说："唉，讨厌的大昌，现在主动找上门来了，那些资料得重做了。"

啊？霎时，大家目瞪口呆！

老总说得轻轻松松，可大家暗暗叫苦，要将那些资料从头做起，工作量大得吓人，那还得两个月呀。最要紧的是失去以前的数据，许多东西要重新找，在成本花费上肯定会加大，这是生产经营最大的忌讳。老总当然深知这些，但命令是他下的，他也只能不当回事。其实看得出，他很后悔。

此时，我站了起来，说："大昌公司的计划资料，我留有备份。"

这淡然的一句，惊动全场。老总两眼紧盯着我。我指着我用的电脑说，"当时在删除这些资料前，我先做了备份，以备不时之需，没想到真用上了"。

老总亲自打开电脑，顿时两眼放光，立即命令我们调出来使用。然后他走出办公室，复又折回来，指着我说："小沈，这个计划科就由你具体负责吧。"

大昌计划完成之后，因为我的奇功，老总直接任命我为科长。我毫无思想准备，只好找到老总，向他推荐姚一康和莫凡，说他们比我资历深，经验丰富，更适合当科长。但老总笑笑说："我觉得还是你合适。因为你无意当官，却有心做事。公司就需要你这样的人。"

（沈银法）

快乐就在身边

　　"快乐就是这样，它往往在你为着一个明确的目的忙得无暇顾及其他的时候突然来访。"苏格拉底如是说。一群年轻人到处寻找快乐，却遇到许多烦恼，于是他们向苏格拉底请教：快乐到底在哪里？苏格拉底说："你们还是先帮我造一条船吧！"这群年轻人开始不太理解，既然是来请教，苏格拉底的话又不好不听，或许造好了船就会得到苏格拉底正面的回答。就这样，他们暂时把寻找快乐的事儿放到一边，找来造船的工具，用了七七四十九天，造出了一条独木船。船下水的那一天，他们把苏格拉底请上船，一边合力摇桨，一边高声唱歌。这时，苏格拉底问他们："孩子们，你们快乐吗？"年轻人齐声回答："快乐极了！"

　　这则小故事使我茅塞顿开，它至少给了我两点启示。第一，快乐是一种感受、一种体验，它就存在于我们的工作和生活之中，不必刻意去寻找；第二，我们的快乐是由自己创造的，别人的赐予是对我们付出的回报。这使我幡然省悟，原来快乐时时刻刻都伴随着我们，只是我们不曾注意罢了。

　　人到中年，事情陡然多起来。上要照顾老人，下要教养子女，负担日渐沉重；我工作了20年，却还没有什么拿得出手的"名堂"，压力与日俱增。面对同样的问题，现在却是另一种体会。家庭负担也好，工作压力也好，快乐不正是从挑担和减压中获得的吗？把煎好的药汤端到卧病在床的老人面前，再一口一口地喂他吃下，是尽了为人子的一份孝；为子女辅导作业，指点迷津是尽了为人父的一份责；给妻子买一份生日礼物，虽说远远谈不上奢华，却尽了为人夫的一份情……当一家老小坐在一起吃着自己烹制的家常便饭的时候，那种日复一日的温馨和快乐我们是不该忽略的。

　　平凡的一朝一夕中，我再不敢对生活粗心大意了。虽然快乐与我们结伴同行，但也要我们去细心地感受。上课铃响了，学生全体起立，向站在讲台上的我道一声"老师好"，我有受人尊敬的喜悦，我再向他们道一声"同学们好"，体现了师生之间的平等和互敬；同事、朋友乃至素不相识的人有了困难，我力所能及地给予帮助，虽然只是杯水车薪，我也从中感受到了助人的快乐；"格子"爬了多年，稿子却石沉大海，我告诫自己不要急躁，不要气馁，那是我的一份追求、一份执着，当我把稿件装入信封贴上邮票投进邮筒的时候，我已得到了快乐。有一天，我的稿件终于发表了，虽然只是浅知拙见，可那毕竟是我耕耘后的一份收获。当我看到自己的名字第一次出现在刊物上的时候，我就像打足了气的轮胎，越走越欢快。

　　过去我也曾刻意寻求快乐，却常常不自觉地为自己制造不快乐。

当年为了把婚礼办得风光些，四处举债，购买了最流行的家具，凑齐了最时髦的电器，一切都力求与众不同。在当时，婚礼的确算得上有档次。可婚礼毕竟是短暂的，一到居家过日子时，问题就变得实际了，债务、人情压得我们好几年喘不过气来。一时的虚荣换来的却是多年的苦恼，何苦呢？悟到了这一层，我就不再去固执地追求那些不属于自己的东西了。

的确，许多的不快乐都是我们自己制造的。有人说拥有快乐其实很简单："第一是不要拿自己的错误惩罚自己，第二是不要拿自己的错误惩罚别人，第三是不要拿别人的错误惩罚自己。"话虽朴素，却很实在，细细想来，确实如此。有多少烦恼是因为我们自己跟自己过不去而自寻的呢？拿自己的错误惩罚自己，这就是直接跟自己过不去了。我们都明白，人生在世，难免有沟沟坎坎，磕磕碰碰，错误过失在所难免，可我们却偏偏为一时的挫折失意所困，悔恨不止，长期把自己置于自己制造的阴影之中，连正午的阳光和夜晚的群星都看不到，当然就无从感受快乐了。拿自己的错误惩罚别人，这就是间接地跟自己过不去。明明自己错了，心里又不愿承认，还要在虚荣心的驱使下用中伤别人来掩饰自己，当无辜受到伤害的人奋起自卫时，只会使我们陷入更深的痛苦之中。拿别人的错误惩罚自己，依我看这也是自己跟自己过不去。我们不是常常这样说吗，他都敢怎样怎样，我又何不怎样怎样。说白了，他都敢做一天和尚撞一天钟，我又何必较真卖力；他都敢不仁不义，我又何必死守真诚……为什么我们常犯与别人同样的错误？与其说是受别人的引诱，还不如说是我们在拿别人的错误惩罚自己，到头来，苦果还得自己吃。

快乐是人们对美好生活愉快的感受和满意的评价。生活是客观的、实际的，就看你如何去感受和评价了；世界是精彩的、美好的，就看你如何面对和品味了。过去的已经过去，未来的尚且遥远，只有现在的快乐，是最需要体会的。

（闽江海）

拥抱春天

　　春天是冰雪消融细流淙淙，是绒绒草绿簇簇花红，是和风细雨鸣鸟穿林。

　　春天是嬉戏笑语追逐的梦幻风筝，是穿越悲秋寒冬的匆匆脚步，是今天早晨的开始和对明天与未来的憧憬。

　　春天是把希望当作种子进行播撒的季节，是酝酿生机又必须冲破束缚的时候，是拥有新生又硬铮铮站起来的那一刻！

　　春天是竭尽全力的追求和永无止境的探索，是用汗水对人生意义进行的考证，是用付出对生命价值所作的剖析，是用期待中的幸福与美好为每一天的努力鼓足干劲。

　　所以，春天是一种乐观进取的心境：乐得平淡又不甘寂寞，耐得考验又坚定执着，懂得艰难又穷追不舍，珍惜所得又永不知足。

　　所以，春天就是永远年轻永远朝气蓬勃！就像每天喷薄欲出的太阳，心眼儿里装着的不是万道霞光就是万人景仰的辉煌。所谓荣辱成败就像过眼烟云，所谓喜怒哀乐就如微风送爽，因为春天只相信耕耘，还有那正在涌动的崭新的生命力量！

"愚公移山"是春天最美的故事，"水滴石穿"是春天最好的叮咛。真的，千万不要错过，人生再没有像春天这么相知的伴侣了！只要你迈开步子朝前走，她就会永远牵着你的手，给你成功的机会，让你品尝幸福的甜蜜。

　　是的，希望是美好的！那么就请在希望的田野上，让自己拥抱一个永远的春天吧！

　　听，似有泉水叮咚，在催促你尽快出征

　　看，似有争奇斗妍的姹紫嫣红，无不在为你助威送行！

（冯小利）

让您的热情更有魅力

　　待人热情本是人与人之间交往的一大美德，也是拉近双方距离、取得良好交际效果的重要途径。但是，这要以恰到好处地把握其中的"度"为前提的。否则，就可能出现事与愿违，甚至弄巧成拙。

　　日前，就曾遇到过一件热情待人效果适得其反的事情：一人出差住进旅馆，和另一个来自外省的客人同住于一个双人间。由于此人常来该市，对这里的一切都了如指掌，见面后仿佛一见如故，热情地向对方介绍这介绍那，并邀他共进晚餐，餐桌上又详细地询问对方的家庭情况、经济收入、单位经济效益、来出差的目的等等。他本来是想与对方拉拉关系，没想到他的这种热情表现得过度，对方在无形中产生了一种戒心，不得不在心里暗暗地问自己，他一见面就问这么多本不该问的话是为了什么呢？熄灯就寝后，这个外省来的客人，越想越感到不对头，于是把放在包里、衣袋里的一些钞票、证件都拿出来，揣进贴身内衣的口袋里，然后才钻进被窝，提心吊胆地熬到天亮。第二天得知对方还要住在这里，他则住进了另外一家旅馆。

现实生活中，此类事确实是比较常见的：

有人过分热情，让您感到"华而不实"。像在旅馆门前接待、招呼客人的人那种热情的劲头，不由得要让您对他旅馆的真实情况产生怀疑，从而望而却步。

有的人热情过度，让您失去了信任感。像去商场买东西，您走到什么地方，不管您问没有问他，营业员都热情地向您介绍该商场的货物是如何如何的正宗，其性能又是如何如何的好，特别是在向您介绍价格时，还能自己主动地给您打上个九折八折的。可是，越是这样热情越让您感到不放心。

有的人热情过头，让已经成功的事情告吹。像洽谈某项业务，双方几经周折，费尽心机才谈好了相互关心的条件之后，一方热情地安排对方吃喝玩乐，因为热情得让对方受不了，对方就禁不住在心中间：这本是件双方都有利的事，他们为什么要这么热情呢？是否其中有诈？

有的人热情过度，让您对其产生一种疑虑。像经媒人介绍男方到女方家去相亲，本来是不管成与不成都要等双方的关系明确之后再行发展、升温。可有一户人家从男方一上门就显得过分的热情，于是男方心中就想，是否女方有什么难言的苦衷？

怎样把握热情这个度，克服类似于上述那些热情过度的情况，使热情更好地发挥其在交际中的良好作用呢？

1. 把握火候,叫热情的言行留有余味。

表达热情和做其他事情一样,欲速则不达。您越是心急,对方则越是怀疑您的动机。相反,您有节制、有分寸地表示出对对方的热情,反而会让对方感到热情背后还有着没有表露出来的真情。萍水相逢是人际交往中经常遇到的事,有人一见如故,此后发展为很好的朋友;有的人先热后冷,并且发展到生怕在以后的生活中再遇到对方。在众多的因素当中,有一点是重要的,就是热情的火候没有把握到位。曾有两人在南京参加一个短训班学习,住在一起,其中一位姓王的原来就是在这里读书的,情况比较熟悉,另一位姓李的是初来乍到。姓王的对对方表示出来的热情就很有分寸,他先是向对方介绍与生活相关场所的路线,以及去吃饭、洗澡、购物所要注意的问题。对方从舍友的热情介绍中获得了在这短时间内生活所必需的知识,在按照这些生活须知做这些事的时候,心中不由得感谢这位新朋友的热情。星期天,王姓朋友又向李姓朋友建议可以选择一些风景区逛逛,接着热情地向他介绍中山陵、玄武湖以及其他一些风景区的情况、可乘的车子及其路线等等。李姓朋友听了他的介绍后,也确实到中山陵去了一趟。回来后也以他自己的热情方式对王姓朋友表示感谢。此后两人逐渐发展为很要好的朋友,不仅在短暂的培训期间双方处得很好,分别后在相互的事业上还有很多的合作。如果王姓朋友不是"分期分批"地表达热情,而是第一天就铺天盖地表示出来,对方一定会认为他是狂妄自大,不知天高地厚,或者是别有用心。这样想通过热情达到理想的交际效果的目的就难以实现了。

2. 不卑不亢，让热情不带有媚态。

待人热情与讨好对方本是一组完全不同的概念，但如果处理得不好，过度的热情就会让人感到您是在有意识地通过热情的语言或行为在讨好对方，有时还让对方不得不敬而远之。一公司的总经理是上面派来任职的，为了省去工作中诸多不必要的烦恼，只身一人赴任，生活上确实存在诸多的不便。办公室主任从其工作性质和任务出发，为其准备了住宿、吃饭等生活所必需的条件。此后他也不像有的人那样三天两头地去问长问短，添东添西，而是过了几天之后才去询问其对生活的要求，节假日约其到他家去改善伙食，工作闲暇约上两个人帮总经理去轻松轻松。这些行为都做得不卑不亢，既让总经理感到受之坦然，又不会让别人感到总经理喜欢马屁精。这位办公室主任的热情由于较好地把握了"度"，也让总经理感到比较得体，体现了人与人之间的那种相互理解、体谅、支持的一片真实情谊。

3. 逐步升温，使良好的愿望水到渠成。

热情在交际中的作用类似天气温度或催化剂。它也如同冰块升华为气体要经过加热、融化、升温、沸腾、蒸发的过程一样，要使得热情的良好愿望变为现实，必须遵循交际规律，方能使热情的动机和热情的效果相统一。某年逾古稀的台商回故乡探视其分别近半个世纪的弟弟和妹妹，顺便看看家乡是否有可以投资的条件，也好为家乡的发展尽点力。在下榻的县政府招待所的宾馆里，对台办的同志了解到他的这个意图后，并不是表达出一种急不可耐的热情，先不谈投资的事，而是安排一辆车子和人陪他到老家去与他的家人相聚，然后把他的弟弟妹妹一起接到县政府招待所，让他们住在相邻的房间，安排他们吃饭也是上一些比较普通的体现家乡特色的菜肴，既让这位老台商感到家乡的特色，引起对过去生活的回忆，又不让他感到是在有意识地铺张而巴结他。此后安排他去县城的老街、码头、公园、寺庙转悠了一天。晚上躺在床上，台商发现了对台办同志放在床头柜上介绍该县各方面详细情况的资料和近五年的发展规划，经过一个晚上和一个上午的阅读、研究和论证，他选取了该县办的一家目前面临倒闭的服装厂作为投资对象。当天晚上他主动约请有关方面的人员聚餐，在感谢家乡人民对他热情接待的同时，谈了自己的投资意向。取得这样理想的效果，有分寸的热情接待并使之逐步升温显然是其重要的原因之一。如果开始就表现出一种高度的热情、高规格的接待，必然会使对方产生一些本不该出现的疑虑，人为地给事情的进展制造障碍。

4. 营造氛围，用设计好的环境说话。

热情不等于在口头上不停地说出一些甜甜蜜蜜的话语让对方感到受用，还包括能够体现热情的环境。通过环境不知不觉地作用于他们的内心世界，让对方感受到热情。某学校要接受办学条件标准化验收，能否通过是关系到学校的生存和发展的大问题。如何接待验收组的领导和专家呢？过于热情吧，违背了上面的有关规定，对方会因此而产生反感；不热情吧，人家验收组的同志又会感到你没情没义。于是，该校领导采取了一个无声的行为——创造环境，由人为创设的环境来体现对验收组的热情的办法。于是他们在专车接来验收组的领导、专家之后，直接送去宾馆，在宾馆里事先为他们准备好了所需的一切生活用品。第二天早饭后，他们一进门就受到了师生们的列队欢迎，走进校园后，就感受到欢迎标语上的热情话语、迎风飘扬的彩旗所营造的氛围，感受到一种无形的热情扑面而来。后来的看材料、实际考查、听课、听汇报时的周到而又有特点的安排，既为验收组的同志的工作带来了方便，又让他们从中体会到其中所蕴含的热情。最后，虽没有什么纪念品之类东西，接待的规模也没有达到这么高的级别，但同样获得了验收组同志的高度评价。如果沿用社会上一些单位所采用的大吃大喝、大吹大擂、大送礼品的方式表现的热情，必然会给对方造成心理上的压力，影响验收工作的正常开展和实事求是地进行科学而又准确的评价，还会给群众、外单位及领导带来不好的影响。

如何表达热情，并使之适度，其方式自然要受交际的具体环境、对象、要求所限制，尽管如此，若要使热情的本来愿望和最后的效果得以辩证地统一，就必须注意研究如何恰当地把握热情的"度"，只有这样，才能使热情在交际中发挥应有的作用。

（丁步洲）

人生在世，如何面对取舍？

漫漫人生，始终离不开选择；选择，也就意味着有取有舍、有失有得。

中国古代的思想家孟子说过一段很有名的话："鱼，我所欲也；熊掌，亦我所欲也，二者不可得兼，舍鱼而取熊掌者也。生，亦我所欲也；义，亦我所欲也，二者不可得兼，舍生而取义者也。"这是在生命与道义之间的取舍。

匈牙利著名诗人裴多菲有诗云："生命诚可贵，爱情价更高。若为自由故，二者皆可抛。"这是在生命、爱情与自由之间的取舍。

佛家常讲：舍得舍得，有舍才有得。其实呀，人生苦恼的最大来源是不知取舍、患得患失。人们常常参不透、悟不到：你要有所取，必须有所舍。

中国古代的智者老子将取舍的矛盾概括成一个公式：将欲 A 之，必固 B 之。他在《道德经》中说："将欲翕之，必固张之。将欲弱之，必固强之。将欲废之，必固兴之。将欲取之，必固与之。"

这样一种政治谋略被毛泽东同志灵活地运用于中国革命之中了。

他在《中国革命战争的战略问题》一文中说："关于丧失土地的问题，常有这样的情形，就是只有丧失，才能不丧失，这是'将欲取之，必先予之'的原则。如果我丧失的是土地，而取得的是战胜敌人，加恢复土地，再加扩大土地，这是赚钱生意。"

人生之道与政治、军事之道虽有大小之别，但其理一也。人生"取"固费力，"舍"亦大难；有时候，舍弃比获得更难。人们不能只取不舍。

要想有收获，必须付出，付出便是一种舍。虽然它有回报，但人们在付出时，仍是一种割舍。平凡的人往往渴盼非凡的人生；须知，非凡的收获常常是以非凡的付出为代价的。数学家陈景润为了他钟爱的科学事业，为了迷人的"哥德巴赫猜想"，他付出了常人难以想象的牺牲，放弃了常人人人都有的乐趣，苦行僧般地奋斗了多少年啊！人们所喜爱的乒乓球运动员邓亚萍，当她最后一次站在奥运会的冠军领奖台上时，禁不住泪流满面。当记者采访她时，她说："我失去的太多太多了！"人们知道，作为一个乒乓球运动员，她的成功与辉煌无人可比；而她付出的艰辛与血汗又有几人能比？她是冒着身体瘫痪的危险，带着满身的伤痛（还有心痛）在演奏着自己的"命运交响曲"啊！西哲讲：成功者所到达并保持着的高度，并不是一飞就到，而是他们在同伴们都睡着的时候，在夜里辛苦地往上攀爬。中国人讲"梅花香自苦寒来"，这实在是不争的事实。

要想获取事业上的巨大成功，必须心无旁骛，舍弃许多个人的享受。这是一种宏观的抉择与取舍。而在实际生活中，更多的是微观的取舍。爱情、婚姻、家庭、求学、求职、交友……人生的每一阶段，乃至每一年、每一月、每一日，都会面临许许多多问题，要你进行或大或小的取舍。

在物质产品短缺的时代，你想买一件东西常常是别无选择，自然也就谈不上取舍。如今，当你走进琳琅满目的市场，面对难以尽数的同类商品，你在选购一件物品时反倒左挑右拣，犹豫不决，最后甚至空手而归。

谋职也常遭遇类似的困扰。当找不到工作时，觉得能弄到个"饭碗"就心满意足了。但当几个机会同时到来时，你又难定取舍。最后好不容易做了决定，却又总觉那些已经放弃的有更多的好处。

生活中，这样的例子太多了。不少人为取舍而苦恼，然而苦恼最大的来源是患得患失。人生注定了要有所取，必须有所舍。取也好，舍也罢，都要深思熟虑，三思而后行。生活的幸福，事业的成功，既取决于取舍时的慎重，更取决于取舍后的努力。事业上要有所成就，最初的选择固然重要，但倘无持久而坚韧的奋斗与拼搏，成就也难以光顾你。选定了自己的心上人，组建了家庭，就要用全部心血恒久地去不断浇灌幸福之花；倘若刚刚得到，立马后悔，怀念从前，总觉"新人不如旧"，那痛苦离你已不再遥远。爱不仅在取舍，更在取舍之后的精心呵护和不断创造。

取舍有主动与被动之分。能主动而明智作出取舍决定的人，无疑是人生的智者和勇者。不要以为只有能"取得"的人是大智大勇，那些能毅然割舍的人，实在是具有更高的智慧与更大的勇敢。

有舍才有得。学会舍弃，实乃是人生重要一课。什么都想得到，什么都不愿放弃，结果往往是一事无成。在当今的大学校园，有的人是名也要、利也要、官也要、学问也要，身兼多职，一肩多担，最后常常是做官没做好，学问也成了个半吊子。而有的人就显得明智多了。有一位农药学专家当了半年大学副校长，便坚决地舍弃了官位。有许多人觉得他傻，其实他是真正的聪明人。在官位与学问之间，他更爱学问，也更适合做学问。辞官之后，他潜心研究，成果不断，成为著名的农药学家。

即便同是在笔墨行当里，也还是有取有舍的。有位专治中国古代文献的学者谈及成功之道时说："有所舍弃，有所不为，是一种大将风度，是成功一途。"他年轻时喜欢写诗，也很有天赋，在文艺圈里已小有名气；国学底子不错，家学渊源深厚，有做学问的良好素质和无量前途。后来他选择了做学问，便完全放弃了写诗。他六十余年如一日，三更灯火五更鸡，潜心学术，勤奋研究，一生著作等身，成了海内外事有盛誉的国学大师。试想，如果这位先生一辈子脚踏两只船，边写诗边研究古籍，很可能就是一个二三流的诗人加二三流的学者。就人生价值而言，两个二三流远不及一个第一流。

人生的取舍有时是出于无奈，但被动的取舍中也有境界的高低与心胸的阔狭之别。对于无法得到的东西，忍痛放弃，那是一种豁达，但也是一种割舍。必须割舍而不肯割舍，则是黏滞与执迷，对自己有害无益。能在必须舍弃时，毅然割舍，乃是坚强与洒脱。有些东西尽力而为之后，发觉此事与我无缘，能潇潇洒洒地挥手而去，另求用世之途，另辟发展一己才华之道，这也是一种"舍"。陶渊明一生穷困，好不容易被荐做了县令；尽心尽力为官数月，发现自己与官场格格不入，他不愿为五斗米折腰，于是弃官而去，写下了《归去来辞》的名赋。此后，他就过着农夫的生活，好几次有人请他做官，他一概拒绝。舍弃混浊官场，回归山林田园，醉于诗国，终成不朽诗名。相形之下，曹植则有几分可怜。这位曹操的聪明儿子在其父死后，不容于同室操戈的兄长曹丕；而曹植还一再上书乞求一官半职，殊觉悲悯。如果曹植知道他的价值在"千载后，百篇存"，是在文学史上留名，何不潇洒地舍弃对官位爵禄的追求，而在诗赋王国里一显身手呢？

对求之而不可得的事物，苦苦追寻，只能徒添烦恼；尽力之后勇敢舍弃，的确不失为明智之举。狐狸在葡萄架下几经奋力，终一无所获，在这时候来一点儿"酸葡萄心理"，不是比再挣扎几次更好吗？一厢情愿的爱情中，苦苦追求是不是还不及作"酸葡萄"想，潇洒地挥手作别呢？天涯何处无芳草啊！好鸳鸯棒打不散，没缘分风一吹都完。这缘分是一种自然而然的东西。人若明智豁达一些，就当该取则取、该弃则弃。得到应属于自己的东西固然高兴，失去本不属于自个儿的东西更须释然。

人生在世，确实难离取舍"二字"。有大取大舍，也有小取小舍。有得必有失，这是宇宙的辩证法，是生命本身的限制。然而从某种意义上讲，"取"就是"舍"，而"舍"就是"取"。患得患失者，终将一无所成。明白这一点，就要在争取"得到"的同时，学会舍弃。就如同要"下海"，就要准备放弃"岸上"风平浪静的生活；要安安稳稳地生活，就要准备放弃"先富起来"一样。

舍弃比争取需要更大的智慧和决心。可以说，真正参透了舍弃的人才是成熟之人、睿智之人！学会了放弃，你将会活得更加平静、更加潇洒与自在。

（范军）

与"百科全书"式朋友相伴

生活里，大概每个人都有自己时常涉足的小圈子。大社会，小圈子。过往最密，受其影响最深，生活、事业与思想都息息相关的那些人，我称为"圈内人"，圈内优秀的人，我私自称为"百科全书"式友人。

伊是我圈内无话不说的密友，未语笑先闻，如一朵美丽盛开的莲花，好像什么烦恼忧愁到她面前都会土崩瓦解。她耐心告诫我，女人千万不要生气，这小小的情绪会损害女人的健康，长色斑、伤肝、免疫系统紊乱都会接踵而来，如今病恹恹的林黛玉不是男人的宠儿，只会添堵增闷。性感、健美、博学的健康女人才是时代的骄傲。遇到不开心的事情，要回忆好事，做深呼吸，排出体内毒素，这是女人永葆青春的秘籍。别说，见了笑意盈盈的她，我还真被这个幸福的小女人所感染，感到开心快乐。她还会不时传递"冬不储藏，春必病温"等不生病的智慧，每每奏效。

有这样一位"百科全书"式密友，不仅可以消烦解忧，许多棘手的事情都会迎刃而解。因为伊有很高的素养，不用担心她会像长舌妇一样四处传播。她手里攥的锦囊妙计，总有一计最适合我。有时觉得，烦恼是有质量和重量的，倾诉完毕，身体便会轻松如燕，再汲取"百科全书"式友人的智慧与精华，烦琐的生活也随之变得绘声绘色了！

生活是一地鸡毛，平凡、忧愁、幸福和烦恼，时常围绕着我们，那就找个"百科全书"式的人说说话、聊聊天吧。与人交流贵在真诚互动，在精英的带动下，久而久之，自己也被打造成了优秀的人，何乐而不为呢？圈内"百科全书"式友人是可遇不可求的。古人说得好："与邪佞人交，如雪人墨池，虽融为水，其色愈污；与端方人处，如炭人熏炉，虽化为灰，其香不灭。""百科全书"式友人属于见多识广、蕙质兰心的人。

自由撰稿人小月是圈内另一位知性密友，冰雪聪明，既是一位"百科全书"式友人，也是我志趣相投的文友，文章妩媚，文采飞扬，我们时常在一起探讨阅读之乐、撰文之妙。我曾好奇无比地追问她为何有这样良好的心态，不惑之年的她有条不紊地说：一是学会爱，爱自己，更爱别人；二是学会宽容，不与生活较劲拧巴；三是抛弃浮躁与世俗的羁绊，内心保持宁静。这二点是小月的人生感悟。所以，她越来越脱俗，文章越写越美。与小月交流，我看到了为人处世的美德与闪光。有"百科全书"式优秀友人的时时熏陶，人生就不会寂寞，烦恼就会拐弯逃窜。

说到底，见识是一种资本，也是一种资源。每个活色生香的人都有自己的小圈子，都有独特的生活秘方、交友之道。与什么样的人同行，决定着你的生命高度。很多时候，我们用一个人所处的圈子来判断这个人。寻个适合自己的小圈子，找几个同频共振的"百科全书"式友人携手同行，凭借圈子的集体智慧，然后，主动施展自己的才华，也沾染优秀友人的气息，如此，平凡人离优秀就只剩一步之遥了。有谁不爱"百科全书"式的友人呢？

（傅彩霞）

什么是对大脑的最好奖赏

"什么是对大脑最好的奖赏？也许答案完全出乎你的意料，那就是努力。"美国罗切斯特医学院精神病学教授埃玛·布莱克莫尔提出了这个观点。不仅如此，健康专家还提出，人们应该适当放弃一些过于舒适和便捷的选择，因为努力是维系精神健康的维生素。

在我们大脑中有一个"努力—驱动—奖赏"的回路，努力就仿佛给这个回路注入了新的活力。当我们越努力时，对这个回路的刺激也越强烈，从而该回路也就越活跃，最终人就会产生更加强烈的幸福感和价值感，自己做的饭比买来的饭香就是这个道理。反过来说，这种幸福感和价值感就是对我们努力的奖赏。

人越努力，对外界控制的能力就越强，乐观积极的情绪也会增强，悲观、抑郁的发生率就会大大降低。让我们看看争分夺秒的张海迪，在不长的时间里她就掌握了日语、英语等几门外语，完成了《海边诊所》的翻译。一个身体的三分之二都失去知觉的高位截瘫患者，一个残疾者的生命为何能释放出如此巨大的能量？焕发出如此夺目的异彩？主要原因就是她数倍的努力，增添了生命的活力。

让我们看看生命不止努力不息的鲁迅。鲁迅几乎每天都在挤时间。他说过："时间，就像海绵里的水，只要你挤，总是有的。"鲁迅读书的兴趣十分广泛，又喜欢写作，他对于民间艺术，特别是传说、绘画，也深切爱好；正因为他广泛涉猎，多方面学习，所以学养丰盈。他一生多病，工作条件和生活环境都不好，但他每天都要工作到深夜才肯罢休。

在鲁迅的眼中，时间就如同生命。美国人说，"时间就是金钱。但我想：时间就是性命。倘若无端的空耗别人的时间，其实是无异于谋财害命的。"因此，鲁迅最讨厌那些"成天东家跑跑，西家坐坐，说长道短"的人，在他忙于工作的时候，如果有人来找他聊天或闲扯，即使是很要好的朋友，他也会毫不客气地对人家说："唉，你又来了，就没有别的事好做吗？"

确实，所谓努力，其实就是充分利用时间的代名词。德怀特说得好：所谓天才，就是努力的力量。努力，就要做到勤奋、敬业、忠诚、自信、执着和奉献，勤奋是一个人最宝贵的财富，准能珍惜点滴时间勤奋工作，就像一颗颗种子不断地从大地中吸取营养，点滴积累，最终能够成就大业，铸造辉煌。

牛顿在剑桥大学里30年，常年每天坚持工作十六七个小时之久，是常人难以想象的。大家看到这些成功的人士的光环和荣誉时充满了羡慕，但又有几个人能够体会他们背后付出的那些艰辛和汗水，愿意为自己的工作和事业付出那么多，也许这就是平凡人同这些优秀人士之间的差距吧。

成功是努力的外显结果。有些人努力了，虽然没有最后的成功，但在努力的过程中，积极、充实、快乐，精神上很富有，体现了自身的价值，这不正是对人生的最好回报吗？

努力是精神健康的维生素，确乃至理名言。

（章剑和）

给他设一个弯道

    18世纪末，英国著名医生琴纳沉迷于解决天花这个千年难题。起初他把注意力完全集中在那些天花患者身上，但他研究了数不清的病例，仍然没有找到可行的治疗办法。苦恼之余琴纳开始思考这样一个问题：为什么有些人感染天花，而另有些人却不感染呢？经过仔细观察，琴纳发现挤奶女工从未患过此病，就这样琴纳采用科学方法从挤奶女工手上提取到了微量的牛痘疫苗，接种到一位8岁男孩的胳膊上。一个月后的实验结果证明，琴纳找到了彻底治愈天花的方法。

    日本东京三叶咖啡屋有一段时间生意清淡，顾客反映他们的咖啡味太淡了。老板觉得很委屈，因为事实上同样价格的咖啡，他们店里下的料并不比其他咖啡店少。通过认真观察，老板发现之所以出现如此尴尬的局面，原来是与自己店里所用的杯子有关——他们以前一直使用的是黄色的杯子，由于受视觉效果的影响，咖啡的浓度看上去总显得不够。后来这家店改用了红色的杯子，咖啡的浓度没变，顾客却渐渐于不知不觉间增加了几倍，而且都说这里的咖啡又浓又香。

人生难免会遇到这样那样的挫折或阻力，面对这些挫折和阻力，我们从小到大听到的多是教导我们要一往无前、不屈不挠、激流勇进。这种属于强者的精神当然是值得提倡的，但所有道理都有个度，因为真理与谬误仅仅一步之遥。比如我们曾无数次听到过"坚持就是胜利"，然而事实是，坚持并不一定代表胜利；我们亦无数次听到过"只要功夫深，铁杵磨成针"，然而我们有没有想过，为什么不买针却一定非要磨呢？即使没有钱去买，也还可以用铁棒去换一根针嘛（这种让对方占尽便宜的生意想必很容易做成）。我们受到的教育中，对那些灵活的处世方式向来不太推崇，讥讽这样的人是投机取巧。然而生活嘲笑了我们的无知，它一次次给予那些懂得给心设置弯道的人娇艳的鲜花。

如果把人生的目标比做一个风景区，在出发前我们总会择定"交通工具"和"路径"，并自认为是最佳的选择。但当我们踏上征途的时候，我们会遇到这样或那样事先没有想到的问题，这个时候我们就要有否定事先的选择的心理准备，并有勇气和机敏中途"下车"。从这个角度来说，给心设置一个弯道不是一种怯懦，不是一种花俏，而是放眼未来的踏踏实实的行动。

我不想否定在挫折面前激流勇进的意义，这样的故事使我们血脉偾张为之倾倒，生活中也有许多百折不挠最终成功的实例。然而这些并不因此就成为我们拒绝变通的理由，因为赞美执着奋进弘扬的是一种精神,褒扬变通灵活则提醒我们重视智慧,此与彼并非太难选择。可以毫不夸张地说,人生一世,要想活得好,活得有价值,精神与智慧缺一不可,两者完美地结合起来才能实现人驾驭物而不被物驾驭的人生理想。

（游宇明）

一位寒门学子的生存体验

　　入学时曾为学费和生活费发愁的特困生张开兵，如今已是江西农业大学校园内别具一格的"名人"。他的出名不是因为他的另类和"酷"，而是缘于他对贫困的成功挑战。通过勤工助学，他不仅解决了自己和妹妹的学费和生活费，更难能可贵的是，他还帮校园内50多名特困生解决了吃饭问题。

　　地处长江边的江西省彭泽县泉山镇西垅村是个三面环水一边靠山的小山村，因受"十年九涝"年景的影响，当地村民一直生活在贫困之中，张开兵就出生在西垅村一个贫苦的农民家庭，特别是张开兵三兄妹相继来到人世后，张家的日子就过得更加紧巴。

　　屋漏偏遭连夜雨，母亲又因过度劳作患病卧床十多年，为了给母亲治病，家里早已一贫如洗，张开兵三兄妹上学后，学费就成了这个家庭难以承受的负担。每次开学前父亲四处借钱时那种酸楚和无奈，总是深深留在张开兵的脑海里。

　　1999年9月，张开兵和妹妹张晚风同时收到了江西农业大学的录取通知书。一家考取了两个大学生，整个村庄沸腾了。然而，将近万元的报到费，却让全家个个愁容满面。父亲四处借贷，最终也只凑了4000来元钱加上张开兵的那1000多元，刚够一个人的学费。

父亲一脸无奈地说："爸爸实在是无能为力了，看来，你们兄妹只能有一个去上大学！"张开兵理解父亲的难处，当即表示让妹妹拿这些钱先去。但他又不甘心就此失去上大学的机会，决定先带妹妹去省城报到，自己到学校后再想办法。他坚信，天无绝人之路，世上没有跨不过的门槛，没有闯不过的难关。

张开兵领取入学以来第一笔勤工助学报酬时，也领取了在大学生存下去的信心

张开兵怀揣5000来块钱，带着妹妹踏上了去省城求学的道路。第一次来到省城南昌，他无心欣赏大城市的名胜景观和堂皇富丽。他很清楚，眼下急需解决的问题是，如何用只够一个人的学费去解决自己和妹妹的报到问题，思来想去，他决定去找学生工作处，希望能够减免一点学费或者缓交学费。

张开兵怯生生地找到了学生工作处。走进学生工作办公室，只见里面挤满了人，都是一些要求减免学费的特困生，张开兵涨红着脸站在一旁静静地等候。一个小时过后，办公室的人才少了起来，这时，张开兵才低着头吞吞吐吐地说出了自己的要求。学工处一负责人对他说："同学，你刚才也看到了，这么多人都是来要求减免学费的。农大的同学大多来自农村，全校8000多名学生中有1200多名特困生急需帮助，学校也感到不堪重负。眼下，学校能给你最大的

帮助就是同意你缓交学费。"交完妹妹的学费，可供他们兄妹俩开支的生活费仅400多元。各买一份米饭，再买一包3角钱的榨菜，这就是兄妹俩每餐的伙食。

课余时间张开兵就在校园内四处转悠，希望能找到一份临时工作，以减轻生活的压力。然而，江西农大远离市区，除了校办工厂有着一批下岗职工外，同时还有上千名需要自己养活自己的特困生，想找上一份工作就显得特别难。入学一星期后的一个晚上，张开兵拖着军训后的疲惫身躯在校园内各餐馆和商店门口转悠，以期找到一份勤工助学的活，结果还是连连碰壁。更令他难堪的是，厂保卫人员见他四处游荡以为是小偷在踩点，便把他叫过去盘问。经过一番解释后才把误会消除。一个多月过去了，找工作的事依然没有着落，报名后剩下的那点钱也一天少似一天，即将陷入山穷水尽境地的张开兵开始有点茫然了。

就在他快要断炊的时候，几位在南昌大学和江西师大就读的高中同学齐刷刷地出现在他的面前，每人拿出100元钱，说是"借"给他渡过难关，等大学毕业后有钱再还。拿着昔日同窗从牙缝中省下来的钱，张开兵哽噎无语。他很清楚，这不是一般意义上的钱，而是一份份无法用金钱衡量的真情和爱心啊。

他不想成为一个永远被救济的对象，自己既然能通过捡破烂、打零工读完小学和中学，也完全能够在大学生存下去。

一个星期一的下午，张开兵去打开水时路过校园内"和平书店"

门口的报刊亭，见很多同学在买报纸。张开兵站在一旁看了看，只见书店规模不大，报刊品种也不全。他想，全校教职员工和学生共10000多人，按平均每人每年报刊消费20元计算，一年就是几十万元。而整个学校就这么一个报刊亭，如果自己帮书店老板去上门订送报刊，肯定能把业务做得更大。想到这，张开兵拎着一个空热水瓶转身就往宿舍跑，他想把自己的"合理化建议"尽快写出来交到老板手上。到宿舍后，张开兵铺开稿纸开始冥思苦想。直到第二天天亮，一个完整的方案总算出来了。第二天一大早，当两眼布满血丝的张开兵把自己熬了一个晚上写出来的方案交到书店老板手上时，老板用一种怀疑的眼光打量了张开兵半天，等他看完了张开兵有理有据的建议后，口气勉强地答应让张开兵先试试。

接下来的日子里，张开兵憋足了劲。他利用课余时间，敲开了农大校园里的所有学生宿舍和部分教职工的家门。功夫不负苦心人，半个月下来，他为书店老板征订了3000多元的报刊！当他把厚厚一沓征订单和征订款递到书店老板手中时，书店老板愣住了，眼里闪现的惊讶明显多于欣喜。张开兵没有作声，内心的喜悦却如潮水般直往上涌。就这样，他从老板那里领取了入学以来第一笔勤工助学的报酬，也领取了他在大学生存下去的第一份自信。

靠自己的努力念完大学

第一次的成功，让张开兵开始明白即使打工也需要智力和眼光，他开始做起了一个有心人。

一天，南昌阳光乳业有限公司的业务员来农大寻找代售点，张开兵把他引见给书店老板，并表示愿意为他开展这项新业务。征得老板同意后，张开兵找来几位特困生同学挨家挨户上门征订鲜奶。第一月下来后，因订量太少，亏本了。书店老板想打退堂鼓，取消这项业务，张开兵不相信订牛奶的市场就这么小，他对老板说，再给我一个月时间，如果还是不行，我分文不取。老板被他的这番话打动了，答应让他再试一个月。

在分析上个月收效不大的原因后，他把眼光投向了学校周边的几个成人高校和企业，他分析认为，那儿的消费潜力远比自己学校大。事实再次证明了他的判断是正确的：又经过一个月的努力，张开兵和他的几个同学所征订的鲜奶量，终于可以为书店老板赢利了。

随着这两笔业务的成功和增值，老板把张开兵每月的工资加到了450元。此时，书店老板已对张开兵刮目相看了，他很欣赏张开兵的开拓精神和独到的眼光，他决定利用张开兵把自己的业务做大。为此，他决定让张开兵担任业务主管，委托张开兵在特困生中增招新员工，并负责培训。

从那时起，他每个月都可定期领到450元工资，再加上节假日打工的收入，不仅能够满足他兄妹俩的生活所需，而且还有节余。大学第二个学期结束时，他不仅没向家里要过一分钱，而且还给病中的母亲寄去了1000多元钱。钱不多，但张开兵感受到一种前所未有的成就感。

2000年暑假，他嘱咐妹妹张晚风回家看望病中的母亲，自己则留在南昌，挣来年的学费。

在暑假里，他把每天的时间都排得满满的，早晨5：30分起来送牛奶；上午8点左右，到学校附近的建筑工地找活干，挑砖运砂拌灰这些重体力活，什么都干。活虽然累了点，但为了挣够来年的学费和生活费，张开兵从不叫一声苦喊一声累；下午，他得赶往南昌阳光乳业公司昌北分站，协助这个站的负责人处理牛奶调配、发送等内部事务。

有时碰上建筑工地停工，张开兵便骑着一辆旧自行车到南昌市区四处找活干，炎炎烈日下，发送广告传单、搬运货物、推销产品什么的，他都不记得自己到底干过多少个"工种"了。

这样每天工作十多小时，一个暑假下来，他挣了近4000元。新学年开学时，张开兵一次性缴清了所有学杂费。

走出困境的张开兵决心要帮更多的特困生学会"自我造血"

从吃了上顿愁下顿的困境中走出来后，张开兵就一直思考着这样一个问题：我和同学们每天辛辛苦苦帮老板打工，但其他同学的工资却很低，还无法自己养活自己。为什么我们贫困生不能自己扛个牌子单干呢？

2000年9月5日，由学校提供场地，由特困生自己管理的"江西农大勤工助学服务部"正式成立了，张开兵担任该服务部负责人。

服务部成立后，张开兵和同学们积极开拓市场。除了订送报刊、牛奶外，他们还开展了促销日用品、代买代送早点、上门家教等新业务。经过与邮政局协商，他们又开始了电话磁卡、信封、贺年片的促销工作。2001年元旦前夕，不到一个星期的时间，"勤工助学服务部"的同学们就售出贺年片几万张。随着业务的不断扩大，服务部的成员也由最初的七八个人发展到现在的50多个人。目前，根据工作量的多少，他们每月都能定额领到100—300元不等的"工资"。

开办了勤工助学服务部，他更加忙了。过去，张开兵只要干好自己的事就行了，可现在却要担负50多名特困生的生活负担，他感到任重而道远。但是，在逆境中养成了倔强个性的他没有轻言放弃，整日不知疲倦地穿行在学习和打工之间。如今，勤工助学服务部的业务范围正在不断扩大，但他知道，自己还是一名学生，勤工助学只是一种手段，学生的主要任务是学习，不能本末倒置。作为一名贫困生，他能证明自己的生存能力不比别人差；作为一名大学生，他也能做到学业上合格。为了不影响学习，他把别人睡觉和休息的时间都利用上了，从入学到现在，他没有哪一天早上迟于6点起床。令人欣慰的是，至今为止，张开兵还没有哪门功课补考过。

通过这两年多的磨炼，张开兵发觉：利用课余时间找一份工作，对特困生来说，不仅可以解决生活问题，培养生存能力，而且还可以在工作中找回自尊和自信，培养健全健康的心理。

为了给更多的特困生提供勤工助学机会，帮助他们学会"自我造血"，张开兵又有了一个新的设想——在校园内创办一个由大学生自己管理的"大学生勤工助学超市"。他的这一想法已得到校方的认可，并表示愿意为他提供一切便利，包括场地和启动资金。届时可为100多名贫困生提供勤工助学的岗位。

江西农业大学和江西省教委把张开兵作为典型在大学生中加以宣传，不久前，张开兵还被有关部门推荐参加"首届国际青少年消除贫困奖"的评选。我们在这里衷心祝愿张开兵和他的"勤工助学"校友们的路能够越走越宽，走出人生新的世界。

编后语：

据有关调查资料显示，在我国的高校中，有学费、衣食之忧的贫困大学生约占大学生总人数的15％。因此，课余兼职、假期打工族渐渐成了大学校园里独特的风景。可是，很多贫困生却难以找到适合自己的岗位。本文主人公张开兵没有走常规的老路：找家教、打零工，被动适应社会。他用课本上学到的知识凭借自己敏锐的眼光，创造岗位勤工助学，取得了较大的成就。这正应了一句经济学原理：从来只有疲软的产品，没有疲软的经济。张开兵的做法，正体现了知识就是先进生产力的论断，他的成功对那些已经毕业或尚未毕业的大学生们都应该有很好的借鉴意义。

（尹祖光）

做人要勇于表现自己

欲望对人们的行为有很强的制导作用。表现欲是人们有意识向他人展示自己才能、学识、成就的欲望。实践证明，积极的表现欲是一种促人奋进的内在动力。谁拥有它，谁就会争得更多的机会发展自己，接近成功的彼岸。对于青年人来说，增强自己积极的表现欲尤为重要。有位青年教员新到一所学校时，经验不足，情况不熟，但是他不自卑，他有强烈的表现欲，自信自己有打开局面的能力。于是他主动要求担任差班的班主任，寻求表现的机会。他认真备课、试讲，常常加班到深夜。上课时他信心十足，非常投入，倾尽全力，努力把课讲得生动、感人，追求不同凡响的效果，因而受到领导和学员的好评。没出半年，他就脱颖而出成为同龄人中的佼佼者。他深有体会地说："积极的表现欲是个好东西，它给人自信，给人激情，给人力量，也会给人机会和成功。"

他的话很有道理，值得我们深思。

在现实生活中，有一些人并不这样看问题，他们对表现欲存有偏见，以为那是"出风头"，是不稳重、不成熟。所以，不喜欢在大庭广众面前表现自己，仅满足于埋头苦干，默默无闻。也有一些很有才华、见解的人，缺乏当众展示自己的勇气，遇事紧张胆怯，每每退避三舍。这样一来，他们不但失掉了很多机会，而且给人留下了平庸无能、无所作为的印象，自然得不到好评和重用。到头来，不免发出怀才不遇、壮志难酬的叹息，陷入苦闷之中。这些现象从反面告诉我们，表现欲不足无疑是一种缺憾，积极的表现欲应该成为现代人必备的心理。显然，对于青年人来说，自觉纠正认识上的偏见，懂得它的作用和价值，并努力增强自己的表现欲是十分必要的。

一、积极的表现欲是增长自己才干的加速器

一般说来，表现欲旺盛的人参与意识和竞争观念都比较强，他们能以积极的心态看待自己，把当众表现当成乐趣和机会，主动地寻找表现的场合，甚至敢与强手公开竞争。所以，他们就比一般人多了参与实践的机会。比如，在会议上发言，表现欲差的人很少主动发言，当领导点将时，他们才不得已说上几句不疼不痒的话，长此以往他们的发言水平是难以提高的。而表现欲强的人就不同了，他们常常主动发言，谈自己的见解。这些见解也许不成熟、不正确，但是他们敢说出来与各种意见相比较，如此不断实践，他们的思想水平和口才就会得到锻炼，得到长足的提高。

进而言之，表现欲强的人通常都注意塑造自我形象，有较高的

追求。他们为了当众塑造良好的形象，必然以此为动力，努力学习，勤奋工作，不断充实自己，使自己获得真才实学。某单位要推荐一人参加上级举办的演讲大赛，但是不少青年人不敢报名，就是有一点基础的青年也担心讲不好会丢丑，不免找借口推辞。这时，有位貌不惊人的小伙子主动请缨，找领导说："我愿上。"本来他的水平并不是最高的，但他敢于站出来，领导很欣赏这种精神，当即应允。就这样他争得了一次参赛机会。接受任务后，为了取得好成绩，他下了很大的功夫写讲稿，并到处拜师，在短时间内他的演讲水平有了突破性提高。在大赛中他得了第二名，从此知名度大大提高，并得到领导的好评。他不满足于此，又主动向领导提议：配合中心工作，在本公司开展演讲活动。在他的主持下，把本公司的思想教育活动搞得红红火火。他的演讲水平和组织才能都得到充分施展。选择工会干部时，单位领导首先把他作为第一人选。这个事例说明，积极的表现欲是人们提高自己才干的加速器。

二、积极的表现欲是推销自己的驱动力

一个有才干的人能不能得到重用，很大程度上取决于他能否在适当场合展示自己的本领，让他人认识。如果你身怀绝技，但藏而不露，他人就无法了解，到头来也只能空怀壮志，怀才不遇了。而有积极表现欲的人总是不甘寂寞，喜欢在人生舞台上唱主角，寻找机会表现自己，让更多的人认识自己，让伯乐选择自己，使自己的才干得到

充分发挥。从一定意义上说，积极的表现欲是推销自己的前提。

比如，某单位新分配来几位大学毕业生，其中有一位敢想敢说，表现欲较强，从不放弃表现自己的机会，开会时他总是第一个发言，文体活动他是活跃分子，开展学雷锋活动他是发起人。就这样他事事走在前面，有出众的表现。在领导眼中这个小伙子与众不同，热情、积极、善交际，是个人才。后来成立公关部的时候，领导首先想到了他。他不负众望，策划了几次重大公关活动，为企业打开局面做出了贡献。不久他被任命为这个单位最年轻的经理。相反，与他同来的两位毕业生，在学校时成绩很突出，是高才生，但是因没有出众的表现，工作平平，始终没有大的发展。他们之间的距离渐渐地拉开了。在这里，不能不说表现欲的强弱是一个重要的制约因素。这再一次说明，在改革开放的年代，缺乏表现欲的人是很难把自己"推销"到关键岗位上去的。

三、积极的表现欲是赢得机遇的好帮手

表现欲强的人通常交际面广，认识人多，信息灵通，自然他们的机会就会多些。有个姑娘多才多艺，能歌善舞，会做衣服，又爱打扮。有人说她是一个疯丫头，会出事。但她不在乎，仍然我行我素。她一时找不到正式工作，就去打工，并利用业余时间到歌舞厅唱歌。一次偶然的机会，她的歌声受到一位新加坡老板的重视，发现她有这方面的天赋，与她签约，为她出磁带，后来又介绍到东南

亚唱歌，她很快红了起来。应该说，她的成功就得益于自己强烈的表现欲。试想，如果她把自己封闭起来，很少与外界沟通的话，绝不会有后来的成功。大量事实表明，机遇偏爱有真才实学又善于表现自己的人。

需要指出的是，表现欲有积极与消极之分。两者的界限就在于自我表现的动机和分寸的把握。如果一个人单纯为了显示自己，压倒别人，争个人的风头，甚至做小动作，贬低别人，突出自己，这种表现欲就失之于狭隘自私，易于令人生厌，使自己成为众矢之的，那就没有什么积极意义可言了。

最后，从表现欲所展现的形式和程度来看，也不能一概而论。比如，外向型性格的人喜欢在公开场合抛头露面，展示才干；而性格内向的人则偏爱埋头苦干，最终以自己的成果公之于世，赢得成功。应该说，两者各有千秋。总之，只要具有积极的心态，并选择与自己性格相一致的表现形式展示自己，参与竞争，就有利于实现自己的人生价值，并能为国家民族多做贡献。

（高永华）

想和你一起飞翔

　　曾经幻想和你一起飞翔，在人们的目光中，在广阔的天空里，哪怕迎着风，哪怕流着泪，飞向那久久向往的地方。

　　可是，低吟中，我四处寻着你的脚印，心事爬上了海螺。我多想吹响它，让你跳跃的目光长久地栖息在我的身上。徘徊在海边是痛苦的，你知道吗？你就是那海啊！蓝色的清愁让我不敢相信今生是否还有真正的爱情。

　　我憎恨你无法让我高傲。真的不懂你为何望不穿我用珍珠串起的心事。我要飞走了，远离这座小城，故乡圆圆翠翠的山岗等待我去飞翔。我说我们比翼齐飞一定很美，可你的沉默早已化作我心底忧伤的河流。

　　你是一棵树，纷纷扬扬下着雪花。多少个日夜，我站在窗前，想变成一支多情的画笔，着点红色，是你对我的热情；着点绿色，是你对我的希望；着点蓝色，是你对我深沉的爱……哪怕这七彩的颜色只着一点，一点点。我投到水里的一块块羞涩的丑石，激不起任何波澜。满心无奈，孤独时我真想变成一条鱼啊，游进海中，在水底飞翔。

生命是缘

　　20岁那年，是我彻底垮掉的一年。

　　首先是参加成人高考落榜，接着，公司倒闭的现实把我抛入无业之列，不久，女友又分手而去。

　　那真是段黯淡的日子，一连串的打击，憋得人简直想发疯。一次次地吞着那些咸咸涩涩的泪，虽已忍耐至极，却又茫然不知所措。

　　终于，漫长的半年后的一天，我留下一纸便条，就独自踏上了一列武昌开往广州的火车。我要找一个陌生的空间来化解那一再加码的伤痛。当窗外的喧闹随着那声长长的汽笛开始迅速地滑向脑后时，我多么渴望列车就这样无休止地呼啸下去，永远不要停下来。

　　车过岳阳时，外面正飘着细雨，一对青年男女披着雨雾急匆匆地跑上车，坐在我对面的空位上。

　　起初，狭小的空间依然淡静如前，直到过了好半天他们总不讲话，只是相互打手势时，才引起我的好奇。

　　那男孩发觉我打量他们，就冲我点点头，善意一笑。

　　我也赶忙笑了笑："出来旅游吗？"

他用手一指耳朵和那女孩，对我摇摇头又摆摆手。

看到我迷惑不解的样子，他醒悟似的一怔。随即就从旅行包里取出笔和日记本，飞快地写了一行字："我们是残疾人，听不见你说的话。"

哦！我的心陡地一沉，略一迟疑后，便接过他的笔，写道："你们是出来旅游的吧。"

他俩齐齐点头，灿烂地笑了。

就这样，三个人以这种特殊的方式交谈起来。

原来，他俩是一对恋人。幼年因病致残后都在聋哑学校上过几年学，这次从东北老家到南方来，除了长江和江南山水外，就是想到经济特区去看看。他在自学美术，她则在搞摄影和写作，此次南行都已收集了不少素材。

随着气氛的融洽，他们又谈俩人的相识相知，谈各自生活中的种种辛酸和快乐……

说不出为什么，渐渐地，我觉得自己的心迹慢慢地和他们滑到了一起，一见如故的亲切感也越来越浓。那种无须多言的眼神和心照不宣的默契，使我时时幻觉到面对的是一对早已熟知且信赖的好友。

于是，我也讲了起来，把自己的遭遇和这次远行的目的全讲了出来。

看完我的话，我就注意到，那两双深深的眼里都流露出相同的冲动和哀痛。

好久，他才写道："我很理解你的烦恼，但生活并不因为你做了努力就马上相应地回报。成功的路不止一条，别放弃你的追求，要坚信，付出多少耕耘，就会有多少收获！"

她对我说："生命是缘，它本身是保持一个独立而不趋于任何流俗的世界。你就在这个世界中不停地探索和尝试，并从中获得痛苦和欢乐。这痛苦和欢乐将是你最大的财富，它将启发你去重新认识生命的内涵……盼望你活出一种风格，一种意义！"

抬起头，两双清澈的眼睛正静静地凝视着我，仿佛在说："对的，是这样，没错！"

一条纯净的小溪缓缓流过我的脑际。是啊！生命是缘，是一个过程，无痕而来，无痕而逝，就是在不停地探求中获得新的认识……我不禁澎湃起一种若有所悟的感动。这对聋哑恋人对生命的那份珍惜和真诚，蓦然间使我深刻地意识到何谓生命价值的真谛。

我把目光移到窗外，雨不知什么时候已停了。我沉默着，长时间地沉默着，但内心冲突得厉害——终于，那长久盘踞于怀、挥之不去的痛楚失落，慢慢地裂成了微不足道的碎片，随风而去。

当我鼓足勇气把中途下车回家的想法说出时，整个身心如同这雨后微风中的天空，无比地清新坦荡。

那男孩固执地坚持着，送给我两幅这次旅途中创作的画，以示纪念。

　　最难忘记的是临别的那一刹那，他们紧紧地握着我的手，神情格外地感伤依恋，而我却欲语无言，一边望着他们不停地点头，一边不停地流着泪又微笑。

　　我默默地对自己说："面对现实，好好地活下去，活出一种美，一种力度。"

（柯晓龙）

心的距离

有一天，教授问学生一个问题："为什么人在生气时要喊着说话呢？"

所有的学生都想了很久，其中一个学生说："因为我们丧失了冷静，所以我们会喊。"教授又问："那为什么别人就在你身边，你还是要喊呢，难道就不能小声地说吗？"

几乎所有的学生都七嘴八舌地说了一通，但没有一个答案让教授满意。

随后，教授解释道："当两个人生气时，心的距离是远的，而为了掩盖当中的距离使对方能够听见，于是必须要喊起来。但是在喊的同时人会更生气，更生气距离就会更远，所以声音就要喊得更大……"教授进一步解释，两个人相恋时会怎么样。情况刚好相反，不但不会喊，而且说话都细声细语。为什么？因为他们的心很近，心与心之间几乎没有距离。所以相恋中的人几乎都是耳语式说话，心中的爱因而更深刻。到后来根本不需要语言，只要用眼神就可以传情，而那时心与心之间已经没有所谓的距离了……

最后教授做了一个结论：当两个人争吵时，不要让心的距离变远，更不要说些让心与心距离更远的话。自然地过几天，等到心的距离已经没有那么远时，再好好说吧。

（陈勇）

孩子们授予的"博士学位"

　　2005年，24岁的她硕士研究生毕业。毕业后本该追求更好前途的她，却不顾父母的反对，毅然放弃出国攻读博士的机会，揣着一颗温暖贫困山区孩子的爱心，踏上了前往贵州边远山区支教的征途。这一去就是五年，无论条件多么艰苦，无论遇到了多大的困难，她都一直坚持着，用内心的温暖哺育着孩子，用内心的温暖感动着他人。到现在，她的身边已聚拢起一支二百多人的志愿者支教队伍。

　　五年前，在松桃苗族自治县的一个村庄，当她看见破旧的教室、桌椅和穿着十分贫寒的孩子们用一双双求知的眼睛望着自己时，她便被孩子们生活的艰难、求学的渴望震撼了。那一刻，她决定留下来帮助他们。主意拿定后，她开始在心里为自己选择的支教之路做规划，首先应取得一份工作，由此做基础，才会有力量做大和继续自己的事业。

　　她选择了去贵州财经学院当老师，这样有利于就近去贫困的山村帮助那些于困境中艰难读书的孩子。对于她的选择，父母虽然理解却不肯支持，亲戚朋友也认为"娇生惯养"的"80后"小姑娘肯定是三分钟热情，面对艰苦的环境一定会知难而退。然而，让父母没想到的是，她不仅没有知难而退，反而越是艰难越向前，信心坚定地决定长期留在那里。

自2005年秋季到贵州财经学院任教后，每次完成授课任务，她都会立刻驾车六个小时赶到支教的小学去继续她在那里的工作。刚开始时，她每次去支教，都会约上几个热心支教的学生。后来，以她为"带路人"的支教志愿者越来越多，既有她所在学校的学生，也有社会上的爱心人士。这支队伍在她的带领下，就像火种一样撒遍了松桃苗族自治县的许多乡村。在许多贫困孩子的心中，点燃了一团团的希望之火。

后来，她带领的这支支教队伍又把火种播向六盘水市的一些贫困村庄。有一条通往水沟村小学的路，仅仅5.5公里的路上布满了坑坑洼洼，其中有些坑深达1米多，给村里人的出行和孩子们上学带来了极大困难。她决定带领志愿者筹钱修这条路，修了一个星期，许多人被其感动自发地帮助他们炸山取石铺筑路面。在她和大家的艰苦努力下，不出两个月，这条路就修好了。

她到贵州从教的五年来，带领二百多名志愿者到过许多山乡，帮助了几千名贫困孩子。每到一所学校，她都包下整个年级的全部课程。在一所贫困乡村小学，她一个人给全校六百多名学生上英语课。虽然十分辛苦，但她觉得值得。她说，如果我付出的努力能改变孩子的心灵，甚至命运，那么我的价值就放大了600倍。以前学生考试的分数最高的只有40多分，少的只有10分左右。现在，在她带领志愿者支教的这些学校，学生考试的分数成倍地提升，有的学生还能考到90多分。

音乐是贫困山区孩子们的梦想，他们不仅喜欢有人教他们唱歌，更盼着有人教他们弹奏乐器。有一次，她在教孩子们学唱歌时，有几个孩子提出想学拉小提琴，可她却不会。为了教喜欢音乐的孩子拉小提琴，她就利用晚上的时间学习拉小提琴，每天晚上练到半夜才休息，手指都磨出了血泡。自己学会了后，她用两个月的工资买了几把小提琴，送给孩子们后再手把手地教他们学。最终，孩子们没有让她失望，一个个都成为能拉出精美曲调的琴手。上海世博会开幕后，她教的这些孩子被请到世博会上演奏，引来观众一阵又一阵的喝彩声。

她用五年的时间为贵州山区的孩子们送去知识、力量和温暖。这五年，她的内心也被孩子们学习的热情所感动，在每一次的努力和付出之后，她都会感到自己的心灵更加温暖和充实。也就是在这五年，国外的高校也一直在给她寄录取通知书，每一次，她都因情系山区的孩子而拒绝了。2010年10月，她再一次收到了美国哥伦比亚大学的录取通知书，这一次，父母让她出国深造的压力再也抵抗不住了。她经过几个夜晚的沉思，决定选择出国读书，并将选读的方向进行了彻底调整，将以前的攻读国际贸易改为攻读教育。因为自己取得博士学位后还要回来，这些孩子需要她，自己学到的知识，将是贫困山区孩子们今后求知的希冀。

在她决定出国留学后，她所教过的孩子们便悄悄地问接她班的志愿支教者，什么是博士学位。志愿者回答，博士是在某一个方面非常棒非常厉害的人，学位就是给他们的奖励品。孩子们问，博士对彭老师很重要吗？志愿者回答，是的，博士学位能说明彭老师很棒很厉害。孩子们得知博士的重要性后，便决定在她离开时给她一个惊喜，让她得到这样的惊喜后最好不要离开他们。

孩子们所称的彭老师叫彭旸，她是一位在贵州名声很响的支教志愿者。在她准备出国留学时，她支教时间最长、授课最多的那所学校的孩子们，果真给了她一个让她意想不到的惊喜。那天，孩子们把彭旸叫到湖边，团团围住她，从怀里掏出自制的各种各样的标牌，这是孩子们"授予"她的四个博士学位和一个世界冠军，红色的标牌上这样写着：英语博士、音乐博士、建筑博士、医学博士和竞走世界冠军。

彭旸看着孩子"授予"她的"博士学位"和"世界冠军"，禁不住泪流满面，那一刻，她觉得心里很温暖。她对孩子们说，无论我在国外拿多少个博士头衔，在我的心目中，永远也抵不上孩子们授予我的"博士学位"！

（卞文志）

红袖添香

　　红袖添香自古即是书生们的梦想。葡萄美酒夜光杯，在温香软玉的陪伴下坐拥书城时，纵然窗外清风不识字，但眼前以银簪剔除烛花的旷古佳人却玉臀高挽、粉臂横陈，酷似枕畔屏风的一帧工笔仕女画；良宵美景，刚强时读半部《论语》、温柔时听一阕西厢，直待雄鸡报晓双目仍炯炯有神。日照香炉生紫烟，双手之间的经卷如神明的瀑布白天而降，朗朗上口，大珠小珠落玉盘。难怪写艳词的晏几道拂去衣上酒痕诗里字，笑看彩袖殷勤捧玉钟："今宵剩把银釭照，犹恐相逢是梦中。"而以豪放派自诩的苏东坡也难免心软："只恐夜深花睡去，故烧高烛照红妆。"……

　　读书读到这种境界，还有什么话说？稳操胜券又笑傲平生，清风过耳却坐怀不乱，水是眼波横，山是眉峰聚，帘外雨潺潺——我看青山多妩媚，料青山看我亦如是。甚至手持一卷旧书衣袂飘然地迎着斜风细雨漫步闲庭，忽觉头顶撑开一方晴朗，蓦然回首——原来是雨巷里的姑娘送油纸伞来了。哦，那丁香一样结着淡淡愁怨的姑娘！我估计当年那位叫蒲松龄的落榜秀才，就是这样怀抱红泥小火炉枯守在冷雨敲窗的聊斋里，以残砚断墨勾勒出一群荆钗布裙、举案齐眉的美丽狐仙，招之即来，挥之即去，理想主义的衣袖不带走一片云彩。

花非花，雾非雾，夜半来，天明去——这恰恰是那些荒郊野庙身份不明的无名女郎的行踪，她们惊鸿一瞥般的显影似乎仅仅为了给挑灯苦读圣贤书的落难公子无偿地馈赠一点温情、一点世态炎凉中的慰藉。当信心倍增的书生们合拢宝剑兵书、闻鸡起舞的时候，她们又消失了。要不是室内弥漫着衣香、书页残留指痕，几乎没有什么能证明子夜聊斋来过美丽的客人……

这么说红袖添香的传说，在柴米油盐的世俗生活中已近似于神话了？这么说读书的至高境界，似乎是不食人间烟火的海市蜃楼？这么说象牙塔里除了一桌一椅、一本翻开的书之外，似乎还需要一双搀扶你灵魂横渡书里书外的手、一双代表整个世界来关怀你的手？是的，还需要温柔——因为心灵毕竟不是石头。

我是这个世界上默默无闻的一个书生。我住在离聊斋很远的地方。十年寒窗，一灯如豆，没有伯牙摔琴，没有红袖添香，书是我最忠实的朋友。我醉里挑灯看剑、把酒问青天，我两袖清风地把栏杆拍遍。今夜花好月圆，我早早地拾掇好纤尘不染的书案，左手一杯以陌上桑命名的香茶，右手一杆普希金式羽毛笔——等待姗姗来迟的红袖出现。我在猜测，她会是手持桃花扇的李香君呢，还是从断桥的故事里出走的白娘子？她是穿一件李清照绿肥红瘦的石榴裙呢，还是肩扛林黛玉葬花的小锄头？如果我是布衣出身的司马相如，她便是放弃富贵随我私奔的卓文君？如果我是写《爱眉小札》的徐志摩，她便是长袖善舞的陆小曼？张生与月满西楼的崔莺莺？蔡锷与高山流水的小凤仙？

我这篇文章就是献给一个人的，献给那个在桥上看风景的人，那个为我红袖添香的梦中情人，她。在我的方格稿纸上走动，用白居易的乐器为衣带渐宽的我弹一阕《霓裳羽衣曲》。

她知道我会满世界寻找她的——我们之间有一条载歌载舞的丝绸之路。她曾经是一位卖火柴的女孩，她硕果仅存的火柴将点燃我夜读的香炉和生日蛋糕上的蜡烛。她长大后依然保持海的女儿的身份，远嫁而来，把我为秋风所破的茅屋视若黄金的宫殿。她摇曳的红袖将成为我书房一隅万古长青的风景，她是我一生的女主人公。世界是我们鸟语花香的露天课堂。而我与她面壁而坐的小小书房——本身就构成一个独立的世界，一片男耕女织、炊烟袅袅的伊甸园。我是写诗的亚当，她是跳舞的夏娃。我们是上帝的邻居。

（洪烛）

那时的光景

光景两个字真好听。

那时的光景呢？还年少？还青葱？

那时还写情书。

每天跑下去几次问：有我的信吗，有吗？问得收发都烦了。

有男生，痴迷我们宿舍女生。每天抱吉他来楼下唱，一唱几个月，被人称为情种花痴。到底女生动了心，毕业时跟他回了小城，后来生了一对龙凤胎。问及楼下弹吉他的事，他胖了的脸上笑了：那时真浪漫哪。

那时流行罗大佑的《恋曲1990》，刚出锅的新歌，带着怀旧的温度。到十几年后唱，歌厅里的小朋友正唱五月天和苏打绿，问：这老年人谁呀？后来他和周华健李宗盛成立纵贯线，私以为，是老不得已。

那时一个女孩子绝望地暗恋着辅导员。因为辅导员的确是帅而且有才情，高、瘦，一笑倾城。其实所有的女孩子几乎全被他收服了——至少心是收服了。可是，只有她说出来了。

她跑去给他洗袜子、白衬衣，跑去唱歌给她听，是这首《恋曲1990》。后来辅导员爱上了一个美国回来的女孩子，两人很快结婚了。暗恋的女子居然退了学——为了爱情退了学。

多年后见到她，仍然一个人。爱一个人，真的可以爱一生吗？同学聚会，一起到歌厅唱歌。只要有她，就没有人敢点这首《恋曲1990》。

"还记得年少时的梦吗？像朵永远也不凋零的花……"那天我微醉，唱这首《爱的代价》，一边唱一边觉得眼角湿。而她躲在角落里，早就泣不成声。

看一个杂志上对齐秦的访问，标题是：我结婚不会告诉王祖贤。

曾经如此热恋的恋人，一个去国外修行，一个天命之年仍然打拼，而且，他的小爱人小他二十几岁，正是当时我们迷恋他的年龄。

于是想问：她，懂得他吗？那发自心底里的嘶喊，懂得吗？问了又觉得傻了，那时的光景早就过去了，与她何干？他老了，她还年轻。他用她回忆年轻，够了。一颗老心，泡在光阴的水里，怎么样才能苏醒过来？她大概就是那催化剂吧。

一天收拾旧物，翻出许多旧信来。真多呀，这么多的旧信。有的写得极厚，不知哪里来的那么多的废话。写不完的话，还附上小诗。信纸都泛黄了，好多字看不清了。有的人，好多年都没有音讯了；有的人，成了陌路；有的人，即使还在联系，也会忘记曾经的热情。有时酒场上会开玩笑说：你给我写过情书哇。对方就笑了，一脸坦荡：那时我多年轻啊。

一饮而尽，为了好时光。

是夜，梦到仍然少年。挤在14路上，去解放碑和好友照相。春光灿烂，红裙子飞起来……醒来知道是梦。夜深忽梦少年事，梦啼妆泪红阑干。

发了一会呆，眼睛微微地涩，那时的光景，永远不再来了。仅仅因为，那时，就是那时。不是此时，不是现在，更不是将来。只用来怀念，最好。

（雪小禅）

善恶大碰撞中，走出一位坚强的白血病少年

符向阳是人间最不幸的孩子。

3年前，他的母亲得了脑出血，他的父亲固不堪重负，喝了农药逃避人生，15岁的他不得不救然放弃学业，用柔弱的肩膀担负起家庭的重担，谁想这时他却因为长期营养不良，过度疲劳，得了白血病……

然而，又有谁能想到正当全社全都伸出救援之手，救助这位孤苦的孩子时，又一个"黑手小吏"却截取了他的救命款……

面对人世间的真善奇恶，这位不幸的孩子没有倒下，而是在善风悉雨中成长起来，勇敢地选择了新生，用微弱的生命奏响了一曲惊世骇俗、奋发向上的回报社会之歌……

一、突遭变故，擎天父亲"轰然"坍塌

符向阳曾有一个幸福的童年。虽然他家生活在偏选的阜新县新民镇嘎木营子村，可父亲符景文头脑灵活，有石匠手艺，是个能干的农民，长年在外挣活钱；母亲毛俊玲勤劳节俭，仗义待人，乡里

有美名；符向阳从小聪明懂事，爱动脑筋，是个品学兼优的好学生，从小学到中学一直是班长、团支部，书记，无疑，符向阳一家可称为夫唱妇随儿可心，小日子过得像盆火，一家三口其乐融融。

然而，天有不测风云，人有旦夕祸福。1997年8月2日，正当符家憧憬未来之时，厄运悄然袭来，符向阳的幸福结束了。那天母亲毛俊玲突然患脑出血，这对于一个农家来说无疑是灭顶之灾。开始符景文还像令擎天柱一样，表现出了男人的气概，可后来，他们家多年的积蓄，被昂贵的医药费吞噬了，还背上了7000元外债，而妻子虽然经过奋力抢救，性命是保住了，但却像一个植物人瘫痪在床，没有思维，不能说话，家里正常的运行节奏杖打破了，连起码的吃饭都成了问题，特别是经过漫漫的一年，他看剩妻子仍然瘫痪在床，治愈无望，而欠下无法偿还的外债日日增加，他便失去了生活的信心，彻底绝望了。1998年10月25日，符向阳记得非常清楚，那天喇上完第一节课，表哥就骑着摩托到学校找他说；"家里出事了。"他问出了什么事，表哥说别问了。他只以为是母亲病情加重，方万没有想到，到了医院看到躺在病床上的却是父亲。父亲看见他来了，含泪的目光是羞愧的、躲闪的。

他简直不敢相信自己的眼睛，这哪里是身高1.8米、在他眼中是家中擎天柱的父亲！他怯怯地来到床边，摸摸父亲的手，昔日父亲那粗糙有力的大手软软的，但目光似乎断断续续地在说：向阳，爹对不住你，我实在承受不了家中的困难；喝了农药，你一定好好活着……我走了以后，一定要好好照顾你妈妈……向阳只是哭，他不敢相信这个事实；爸爸怎么会离开这个家？"爸爸你不能死，咱家不能没有你！""唉，晚了。"父亲疲倦地闭上了眼睛，凌晨1时父亲去世了，那年他44岁。

脆弱的父亲承受不了生活的重压走了，逃避了，把生活的重担无情地放到年仅15岁的儿子稚嫩的肩上。

乡亲们帮他安葬了父亲，他趴在冷冰的父亲坟头不起来，乡亲们都哭了，把他架回雾。他跪在地上，又一一给乡亲们磕头。因为他不知道，他将怎样去生活，怎样去撑起这个家？

二、含泪辍学，陪伴母亲走向生命尽头

那晚，乡亲们走了，他看着空寂冷清的屋子，母亲没有知觉地躺在航上，那一刻，不知为什么，他骤然觉得自己长大了，并决心休学，照顾母亲。

当然这种选择是痛苦的，像千万只小虫一样咬着他的心。因为他学习非常好，成绩一直是学校前几名，极有希望跃上龙门，考上名牌大学；因为他是班长，是学校团支部书记，舍不得朝夕相处的老师和小伙伴；因为他有远大的志向，离开了学校就等于砍断了一切希望……但是为了母亲，为了活下去，他别无选择。

下决心辍学的那天早晨，他像以往一样5点钟起来，早早起到20里外的学校。这次他没有迈进校门，而只是远远地躲在学校后边的

小山坡上，听到威武雄壮的国歌旋律，看到五星红旗伴着朝阳冉冉升起，听到老师的讲课声……"他不知站了多久，眼前的一切是那么熟悉，又是那么陌生，当她想到这一切已经不属于他时，他的泪水情不自禁地流下来，流着流着，再也无法控制，竟放声大哭……

让一个15岁的孩子支撑起一个残破的家庭，确实太残酷了。符向阳必须包下父母以前所做的一切：早晨头遍鸡叫4点左右，他就必须爬起来做饭，为母亲穿衣服、喂饭，拆洗母亲换下来的尿垫子，喂鸡、喂猪、喂毛驴，然后给母亲搓洗身子，一切料理停当，才轮到他匆匆吃上口饭，下地干活。而每干两个小时，无论多远也必须赶回家给母亲换尿垫、喂水，再匆匆下地，午间与早晨一样，把那一整套再重复一遍，又得匆匆赶到地里干活。晚上与中午的程序一样，只是还多了一个小时的按摩，到了夜里12点给毛驴添完草料，他才能爬上床舒展舒展筋骨。周而复始，天天如此，他只能半饥半饱吃上两顿饭，睡上四五个小时觉。他毕竟还是一个15岁的孩子呀！

为了尽量叫母亲康复，他借了许多医学方面的书，半懂不懂地仔细研读。每逢到医院就打听，治母亲病有什么好偏方。听人说，这种病需要体能锻炼，肌肉按摩，他每天早上起来，晚上下工回来，两次给母亲洗头、洗脸，全身按摩，从头到脚，每块肌肉都按到，都擦热，这一按就是个把小时。为了唤起母亲的记忆，使母亲能够说话，他每次按摩都对母亲不停地述说村里、乡里发生的新鲜事，叫母亲看小电视，教她舌头怎样滑动，嘴型什么样才能发出声音……苍天不负有心人，当他发现母亲的手能微微抬起一点时，兴奋得发狂，逢人便讲母亲有救了，特别是有一天他发现母亲嘴动了，憋得脸通红只说出一个字：歇！那一刻，他激动得泪流满面……

小向阳是一个懂事的孩子，看到母亲有了希望，侍弄那20亩地更勤快了。15岁毕竟太小了，从春天扶犁播种到秋天收割翻地，生活逼迫他不得不会这一切。他从扶犁播种，犁出弯弯曲曲垄沟，勉强种上庄稼，到铲地、镗地、割地，手划出一道道血口子，并无数次昏倒。但这年秋天，大地给他带来了一点欢乐，他收获1.5万斤苞米……

这年秋天，由于他的精心护理，母亲的病也发生了奇迹，会说话了，能拄棍下地了。乡亲们说，向阳母亲能恢复到这样，是孩子的孝心感动了老天爷。

然而，伴随着母亲身体一天天好转，小向阳却由于长期营养不良，疲劳过度，一天天衰弱下去：他小脸苍白，头晕脑涨，四肢无力，牙龈经常出血。因为当时正值秋收，他无法顾及也没有在意，直至有一天细心的母亲问他："你怎么了？"他说有点累，吃一点饭就好了。谁想有一天他竟连饭也吃不下去了，鼻子突然出血，出了一小碗，止也止不住。母亲吓哭了，逼他上医院去检查，结果他血色素只有3克（正常人8—10克），经诊断为再生障碍性贫血，医生说再晚来就有生命危险了。医院立即要给他输血，他说什么也不输，因为他想家里还欠人家很多钱，有了钱也应该给妈妈留着，否则妈妈怎么办？

妈妈听乡亲们一说，急了，恨不得爬到医院，叫人捎信："血一定要输，你不活了，我也不能活了！"他这才含泪输了400CC血。

回到家里，他怕妈妈知道真相，也知道家里无钱给他治病，而这种病不治就得死亡，于是，为了母亲，他又一次选择了苦难——用微笑伴随母亲走向生命尽头。

他把毛驴卖了，两头猪卖了，十几只鸡也卖了，留足了口粮，把剩余的苞米也全卖了，他把钱放了起来，要留给母亲治病与生活，为了不让母亲看出马脚，他告诉母亲，他就是太累了，养养就会没事了。为此他每天都装出乐乐呵呵的样子。可细心的母亲还是发现了儿子不仅病没有起色，反而脸色越来越苍白，身体越来越弱，鼻血不断地漉。后来一问才知道是白血病，便硬逼儿子去住院，可儿子总是说歇歇就好，就是不上医院。她哪里知道儿子的心思，到了大年三十，邻居们来帮包了饺子，儿子挣扎着给母亲煮了年夜饺子。大年初一，就再也爬不起来了。

在他孤苦相伴母亲的日子里，赢得了乡亲们的同情，特别是看到他爬不起来了，更打动了乡亲们那纯朴的心。春天，乡亲们宁可自己的地种不上，也先把他们家的地种上；秋天宁可自己庄稼烂在地里，也来帮他们家收获，特别是阴雨连绵的日子，左邻右舍冒雨上房帮他们家修补……

他的母亲也在他的尽心照料下，乡亲们的尽心帮助下，一天天好起来，一切都向好的方向发展，小向阳此刻也产生了幻想，那就是待母亲再恢复恢复，能下地做饭了，能看家望门了，他就有勇气面对一切了，又能背上书包上学了。

然而，他哪里知道他的努力与愿望是猫抓鱼池空欢喜，脑出血并不易治愈，时刻有迸发的危险。母亲的一切只是暂时的一种假象，他记得3月31日晚上6时，他刚刚给母亲焐上被子，正要给母亲按摩，突然发现母亲的脸极度扭曲了，涨得通红，要喊又喊不出来，要哭又流不下泪水，刚伸手比画几下，便难受地抽搐起来，缩成一团。他急忙喊人，把母亲抬到医院，大夫说她不行了，他说要抢救。结果两天后，他急火攻心，嘴与鼻子全都出血，不得不又输了400CC血，才得以回到母亲身边。这时母亲连针都打不进去了，而弥留之际的母亲，看着他那没有血色、苍白幼稚的小脸，满眼全是泪水，似乎有千言万语，也道不尽对他的留恋与不放心，下午3时她走了。那年她49岁，符向阳心也一下被掏空了。

是呀！这时每一位乡亲心都一阵紧缩——失去了母亲，他孤苦伶仃怎么办？他还是一个孩子，又是一个生命垂危的孩子……

三、雪上加霜，"黑手小吏"截去救命款

1999的6月，《阜新日报》与《辽宁青年》相续报道了符向阳母子间的事迹，在社会各界立即引起了强烈的反响，每天来自全国各地的汇款与信件，像雪片一样飞到了小山村，少时几十封，多时上

百封。

镇长看到报道后，第二天就来看望这对不幸的母子，了解他家的备耕情况，并捐款1960元。与此同时符向阳所在中学捐款1407元，11所小学捐款4392元，镇金矿也送来1000元。继而，全国最贫困的贵阳山区学校儿童张晨，从叔叔阿姨救助他的生活费中挤出5元邮来了，赫赫有名的万达董事长也一下拿来两万……面对着一笔笔天外飞来的沉甸甸的救命款，小向阳激动万分，但他却一分钱也不动，都存在镇团委，因为他知道那不是他劳动得来的，直至有两次母亲病危时，他才拿出两次钱。以致最后他昏倒在地里，乡亲们流着泪，抬着昏迷不醒的小向阳上了医院。当小向阳在医院醒来一看自己在医院，便挣扎起来要回家，大夫不同意，他便哭着说："我不能再花钱了，那不是我家的钱，那是人家叔叔阿姨的钱，我没有办法还！"在场的医护人员和乡亲都受到了极大感染，都转过头去偷偷流泪。乡亲们说："这孩子太懂事了，别人进的奶粉、罐头他都舍不得吃，一动不动，叫人把这些带回村，给有病的母亲捎回去！"医护人员说："他住4天院，吃饭才花了9元钱！"

符向阳很珍惜这一封封信与汇款，把这份社会关爱，看成是激励他与死神抢时间的巨大鼓励，大部分信函都回信。善良的人们万万没有想到，就在沈阳民航医院免费为小向阳治病期间，一个人见钱眼红了，他就是镇里唯一一个投递员杨福彬。其实他家并不缺钱，他家正在盖二层小楼，而他滋生的贪心也并不复杂，就是觉得他一个毛孩子生命不保，还哪有心思查看这些钱。为此，他开始不把信件和汇款投递到村里，造成救援热逐步下降的假象，开始小向阳并没有警觉，直至许多人打来电话问："收到我的信和汇款了吗？"他都如实回答："没有！"大家也没在意。直至来年10月11日大连每月给他寄300—500元的薛姐，连续寄出10个多月都石沉大海无消息，便打来电话问："向阳，收到汇款和信了吗？"符向阳还是如实回答没有，这时他才不得不画一个问号。当符向阳的舅舅毛俊兴来到新民镇邮局查询时，邮递员兼所长杨福彬很冲，说："我们就这样，你愿意上哪告就上哪告！"他舅舅无奈，只好去阜新县邮政局查询。

事关重大，阜新县邮政局孟局长非常重视，因为这是救命款，他立即召开了紧急会议，提出立即成立专案组查清此事。

经过三天三夜紧张查审，截至2000年10月10日，从邮政汇款给符向阳的共有458笔，总计3.5万。同时发现给符向阳汇款兑付时有可疑现象，即字迹不同，有两种字体的方匾印章，而符向阳只有一枚印章……此时，大家立即把目光聚集在最有条件冒领的新民镇邮政所所长杨福彬身上。经过县邮政专案蛆一张张翻一笔笔记，最后确认杨福彬从1999年8月到2000年10月，共冒领款项52笔，计7747元钱。

10月18日，县邮政局孟局长等人带着插福彬一起到符向阳家退还赃款并赔礼道歉，同时代表全县邮政局职工给符向阳捐款3000元，杨福彬此时才感到罪孽深重，知道要判刑，一下子给符向阳跪下了，请求他不要起诉。

符向阳非常善良，一寻尽乡里乡亲的，抬头不见低头见，便原谅了他，答应他不起诉。鉴于杨福彬严重败坏了邮政局声誉，邮政局第一次做出开除职工出局籍的决定。

同时法律也没有原谅他，2000年1月9日，阜新县法院认为：情节严重，以盗窃案判处他有期徒刑3年，缓刑3年，罚款5000元。

四、少年大悟，奏响人生价值之歌

他虽然原谅了杨福彬，但父母双亡，救命款被截取，这一连串儿的打击，对一个16岁的孩子来说太残酷了。那天晚上，他一个人跑到白雪皑皑的雪地上，暗暗地流泪，父亲走了，母亲死了，他已经少了一份心思，在这个世界上，他已经没有什么牵挂了。况且，他得了不治之症，那么多的热心人牵挂他，他又不能报答千千万万关心他的人，更万万没想到竟有人截取这些救命钱……大善大恶交织的世事，几乎压垮了这个孩子，他决定一死了之。

一阵冰冷的风吹来，他打了一个寒战。他仿佛看见远处那星星点点的火光中传来一丝丝暖意：许多天真的幼儿园小朋友捧出压岁钱，真诚地说："小哥哥，你治病吧！"仿佛看到，许多需要救助的希望工程的孩子，也把汇款寄给他，鼓励他说："你还小，让咱们一起携手战胜困难！"仿佛看到许多素不相识的记者和许多热心的叔叔、阿姨伸出了一双双救援的手……

　　特别是仿佛看到父母亲拄着棍子，半滚半爬挣扎着来到他眼前，凄惨地喊：孩子，你千万别想不开，千万别辜负了那么多人的希望……那一刻．他忽然明白，他不能死，不是他不想死，是不能辜负千千万万人的希望，因为他活到今天，没有千千万万人的关爱是不可能的。换句话说，他的生命已经不属于他个人，他没有权力决定他自己的命运……为此，他下了山，回到了家里，虽然他孤苦伶仃，但是一切在他眼中都变了，变得生机勃勃……

　　他想：我不一定是个成功者，但可以努力成为一个有价值的人。于是他积极主动配合治疗，他牙龈出血的时间从三天到八天到一个月。随着病情的好转，他开始一次次回报乡亲和社会——有村里，谁家房子翻修，他主动去帮工，谁家农忙人手少他去帮工，邻家一个小孩掉进水缸，又是他帮着救出孩子，他学习好出名，就为中学生辅导功课……

　　随着越来越多的人的关心，他的视野也开阔了，他慢慢地悟出了生命的真谛——学习知识，回报社会。他知道我国即将加入世贸组织，知道21世纪是个网络的世界，于是他便决定学习外语和电脑。他每天早晨4点起床背英语，7点准时到电脑班学习，一直到晚上11点钟……甚至过新年他都没回家，老师说他是他所教过的最刻苦、最用功的学生。

　　在跨入新千年门槛之际，他平静地写下了遗嘱：如果有一天我不行了，千万不要埋，也不要火化，我决心将遗体捐给医学，把所有好器官捐给人民……

写完遗嘱他更加释然了。他对生活不再迷惘，他已辨明方向，悟出了人生的真谛——去帮助别人，去创造新的价值……

他虽然至今仍然走几步喘一喘，但是他却勇敢地向前走去……

（关庚寅）

母亲冰心的做人与处世

　　我的妈妈冰心是大家所喜爱和尊敬的作家冰心。人们都狠敬爱她，是因为她给予人们很多的爱，她的名言是：有了爱，就有了一切。她真诚、坦率、纯洁、坚强，她深深地爱着我们这个多灾多难的国家和饱受苦难的人民。她一直关心教育，因为她深知"百年大计，教育为本"；她关心妇女，早在1943年她就写道："世界上若没有女人，真不知这世界要成什么样子！我所能想象得到的是：世界若没有女人，这世界至少要失去十分之五的'真'，十分之六的'善'，十分之七的'美'。"她认为妇女是真、善、美的代表，它们最有资格做孩子们的第一位老师；她关心儿童，因为他们是中国的未来及希望，她多次提道："我希望你们在得到这些礼物（指压岁钱、小人书、玩具和糖果）的时候，首先要想到周围的兄弟姐妹、同学、朋友，'不自私'地和他们分享自己的快乐。"她不希望他们在温室中成长，他们应当能经得住风吹雨打，成为有志气、有理想的人。但是他们应当补上"文革"这一课，要了解在那10年"噩梦"中所发生的一切，而且要"永远铭刻在心，法国思想家孟德斯鸠所说的

'既无法律，又无规则，由单独一个人按照一己的意志与反复无常的心情领导一切'的史无前例的怪事才不会重演！"大家热爱她，是因为她的爱和憎是那样的鲜明，为了国家和人民她豁得出去。

我是妈妈的小女儿，一直生活在她的身边，也最了解她。我认为我的妈妈是最好的一位，因为她不仅生育了我，爱我，还给我树立了好的榜样，给了我极大的鼓励和勇气。每当我在行使人民代表职权，感到艰难，遇到费解的难题时，我就会想到妈妈在1989年初，亲笔抄录林则徐的名句："苟利国家生死以，岂因祸福避趋之。"每当我在工作和生活中遇到困难的时候只要想到妈妈，我对人类就有信心，对未来就有希望。她时刻在提醒我、鼓励我要淡漠名利，豁得出去，不屈不挠，永远前进。她要求我们子女做到的事，她总是身体力行，因为她的长辈和父母就是这样做的。她知道，身教重于言教。

说实话，说真话

在妈妈11岁的时候，一个清静的冬夜，她祖父谢銮恩（子修）老先生和她有过一次单独的谈话，他原原本本地告诉了她谢家贫寒的家世。原来她的曾祖父以达公，是福建长乐县横岭乡的一个贫农，因为天灾，逃到了福州城里学做裁缝。有一年的春节，曾祖父到人家要钱的时候，因为不识字，被人家赖了账，他两手空空垂头丧气地回到家里，等米下锅的曾祖母听到这不幸的消息，沉默了一会儿，一句话也没说，就含泪走了出去，半天没有回来。曾祖父出去看时，原来她已经在墙角的树上自缢了！他连忙把她解救了下来，两人在凛冽的寒风中跪下对苍天宣誓，将来如蒙天赐一个儿子，他们会拼死拼活，也要让他读书识字，好记账，要账。

但是当妈妈把这段家史告诉他的堂哥哥的时候，他听了很不高兴，问她是谁说的，因为他觉得"这太丢人了"。他想了一会儿，又悄悄地告诉妈妈，以后不要把他们的家史再讲给别人听。当时妈妈听了很不高兴，就觉得他"忘本"和"轻农"。为了表示她的不同意见，从那时起，妈妈就不再按谢家的习惯把祖父读书地点的福州闽侯，作为她的籍贯，而是写福建长乐。她觉得这样写才真实。

中华民族是一个多灾多难的民族，人民饱经沧桑。在中国某个特定历史时期或历史阶段，说真话是太难了，要付出极大的代价。80年代是反思的年代。反思没有年龄的界限，妈妈也进行了反思。她没有躺在自己已有的荣誉上，她片刻也没有停。1980年6月12日清晨，她得了脑血栓，右半身瘫痪，她的右手不听使唤了。她着急，她痛苦，她哭泣。她从来没有那样地难过，她怕她右手再也拿不起笔去为她的读者服务了。她觉得如果她不能再写文章，她就成了废物。同年的9月8日，在她和爸爸楼下散步的时候，不小心摔了一跤，股骨胫骨骨折，再次住进医院。妈妈这次住院，我一直陪伴着她，我也就更了解了她。我真钦佩她的坚强毅力和不屈不挠的精神。在她的右半身刚刚恢复，她的右手刚能听使唤，她就要我帮她练习拿笔。那天她高兴极了，她对自己全面恢复有了信心。从那以后她天天让我把着她的手练字。从几个字写到几十个字、几百个字。病后她的第一篇文章就是，《生命从八十岁开始》。她除了练写字，还要练走路。这对一位80岁高龄的人是真不易呀！她得先学会靠着两个支架站起来，然后再学迈步。每走一步路是那样的艰辛，常常是汗流浃背。

在这个时期妈妈写了不少文章，反正是随时想到、看到、听到什么，有想法、有念头就挥笔写了出来，古语说'蚩与氓，虽有罪不加刑'，我也豁出去了！"她写了《我请求》《万般皆上品》《孩子心中的文革》。她声嘶力竭地为中小学老师呼吁，她毫不犹豫地谴责"文革"。她坚决反对特权，把"孙子楼"叫"鬼楼"。有一位编辑说："冰心老太太的文章好是好，就是烫手……"在一个时期国内许多报纸不敢登载妈妈的文章，也有的文章遭到删改。对这种做法妈妈非常生气，她认为这是强奸民意。她决定不管是谁要删要改她的文章，首先必须得到她本人的同意。妈妈一直保持着一个五四战士的风格，在文章里她要说真话、实话，她也鼓励大家说真话、写真话；在她的文章里始终贯穿着她对国家的前途和人民命运的关心，反映了她对大自然、对人类的爱。

水有源，树有根

妈妈的母亲叫杨福慈，她开朗，开明，但是她体弱多病。她爱看书，会写字，能做诗。她在妈妈四五岁的时候，就把文字的这把钥匙给了她，她还告诉妈妈，女人要有自己的家，更要有自己的职业；要自立自强，不能靠丈夫。她不喜欢会溜须拍马和势利眼的人，她不贪财，喜欢分享；她待人平等，和颜悦色；她喜爱整洁、勤俭和朴素；她关心国家的前途和命运，她支持丈夫抗日；为支持辛亥革命，拥护孙中山先生，她把首饰换成洋钱捐献了；她也积极支持妈妈参加五四运动。妈妈觉得她的妈妈是世界上最好的妈妈之一。

她父亲常常带她去参观军舰，指点给她军舰上的一切，对于一个求知欲强、好问、好奇又好学的孩子来说，这机会太难得了。她看到处处整齐、清洁、光亮、雪白，心里总有说不出的感叹与羡慕。记得每次我们家来海军的客人，妈妈总要他们坐得离她近一点，她要好好地看看他们。她的眼神都变了，眼睛睁得大大的，带有一种既羡慕又爱戴的眼光。

妈妈也常有机会亲近她父亲的许多好朋友。因为她父亲清楚地知道往青年人脑里灌注的应是哪一种印象。妈妈当时的理想，是想学她父亲，学父亲的好友，从来没有想到她的性别阻止了她做他们的追随者。她父亲的好友中有个萨镇冰老先生，他是妈妈崇拜的对象，因为她常常听到父亲说："中国海军的模范军人，萨镇冰一人而已。"从那时起，妈妈就注意观察他的一言一行，她所听到的关于他的一切，都使妈妈更加敬慕他。妈妈曾写道："时至今日，虽然有许多儿时景仰的人物，使我灰心，使我失望，而每一想到他，就保留了我对于人类的信心，鼓励了我向上生活的勇气。"

妈妈的父亲在17岁时就随她祖父的好友严复（又陵）老先生到天津紫竹林的水师学堂当了一名驾驶生。他是一个爱国的海军军官。

在一个长期受帝国主义列强侵略和宰割的中国，她的父母知道应该给孩子灌输什么样的价值观念，他们为她创造了一个健康、快乐、正常、自由和民主的成长环境，使她从小就懂得爱什么，恨什么，有一种强烈的责任感和使命感。该得到的爱，她都得到了；该爱的人，她也爱了。她的爱还延伸了与人分享了。她爱大自然，爱星星，爱大海。她从小就懂得"国家兴亡，匹夫有责"。在她的作品里，她经常把祖国比作母亲。1911年辛亥革命爆发，那年她11岁，为了支援革命，她把积攒下来的10块压岁钱送到《申报》捐献了。1919年，她参加了五四运动，她写文章，反对反动派对学生爱国正义行为的镇压，号召青年积极参与社会的变革；她翻译剧本，参加演出，为灾民募捐。当她和同学们听到有许多灾民的女孩被卖到外地后，她们迎着寒风，在马路上募捐，又设立了救济所使200多名幼女的衣食得到保证。但是她们知道"要完全救一个人，不但救他的肉体，还要救他的灵魂，帮助他的道德，增进他的知识"。她积极参加了北京女学界和燕京大学女校的各种办学活动，担任了"半日学校"的教师，又当了注音字母学校的校长。由于她自己亲身经历了五四运动，她深知青年人对国家的前途和人民的命运的想法，她爱青年人，她爱学生。她曾写过：学生爱国，我爱学生。

喜朴素，显本色

在妈妈以前，姥姥生过两个哥哥、一个妹妹，但是不久都夭折了。她的大弟弟，比她小6岁。在大弟弟未生之前，妈妈是家里的独子。环境把妈妈造就成一个"野孩子"，她没有丝毫女孩子气。她的家总是住得靠近海军兵营，或海军学校。她的四周没有和她同龄的女伴，她没有玩过"娃娃"，没有学过针线，没有涂脂抹粉，没有穿过鲜艳的衣服，没有戴过花。因为她的母亲身体多病，家里冷清，没人玩，妈妈就整天跟在她父亲的身边。她参与了她父亲的种种工作和活动，得到了一般男孩子得不到的经验和经历。为一切方便起见，妈妈总是穿男装，常穿军服。她穿黑色带金线的军服和小靴子，佩着一柄短短的军刀。平常女孩子所喜爱的事，她却一点不爱。有的时候她甚至觉得琐碎烦腻。她去的地方是旗台，炮台，海军码头，火药库，龙王庙；她学的玩意儿是骑马，打枪，划舢板，打走队的鼓。她会吹召集的喇叭，知道毛瑟枪里的机关，甚至还会把很大的炮弹旋进炮腔里。她的伙伴是修理枪炮的工人，看火药库的残废兵士，水手，军官。他们多是山东人，和蔼而质朴。他们告诉了妈妈许多海上新奇悲壮的故事。有时妈妈也和农夫、渔人，谈些山中海上的家常。那个时候除了她的妈妈，爸爸同事的太太们外，妈妈几乎见不到一个女性。

因为没有游伴，妈妈很小就学习看书识字，学作诗，写章回小说，但都是没能写完。那是因为她的兴趣是在户外。这样的环境就造就了妈妈在性格上有她独特的地方。

第一是她对于人生是严肃的，她喜欢整齐、规律、清洁的生活。她怕看到、听到放纵、散漫和松懈。她对爱情和婚姻是非常严肃和认真的。她和我爸爸五十六年的婚姻是幸福和美满的。在恋爱和婚姻的问题上，她说："恋爱不应该只感性地注意'才'和'貌'，而应该是理智地注意到双方的志同道合（这'志'和'道'包括爱祖国、爱人民、爱劳动等等），然后是情投意合（这'情'和'意'包括生活习惯和爱好等等）。妈妈和爸爸真是志同道合，情投意合。他们相识是在去美国的船上，留美学习期间，他们互相帮助，互相支持，学成回国后又都从事教学工作。他们的朋友都是热爱、关心学生的好老师。抗日战争爆发后，他们离开日本帝国主义占领下的北平。1949年，中华人民共和国成立了，爸爸在极大的压力下毅然决然地辞职，离开了中国驻日代表团。1951年摆脱了国民党的纠缠和跟踪，爸爸和妈妈带我们回到了新中国。在历次的政治运动中，他们，尤其是爸爸都受到了冲击，但是他们总是互相鼓励，因为他们经历了太多太多的事，一共4个朝代。他们相信人民，他们是乐观的，因为他们知道凡是违背人民意愿的事都长不了，他们总是对未来充满信心。

记得我们住在重庆歌乐山的时候，妈妈有时得离开家去重庆开会，小住几天，我有时就会哭着找妈妈。只要家里比平时又干净又整齐，房间里有了鲜花，我就知道妈妈回家了。因为只要她在家，家里就有一种清新、舒适、温馨的感觉。尽管我们家一直有佣人做饭、洗衣服，冬天生煤炉，打扫卫生，妈妈有的时候仍会亲自动手，在冬天坐在煤炉前挑煤核，或打扫屋子，一边做卫生，一边为她的作品打腹稿。妈妈在最后住院期间出现过多次反复，每次只要她好一点，妈妈就会仔细地观察她所在的病房是否清洁、整齐。她会说哪个窗帘没拉直，哪个沙发扶手的布巾没放好。这时我就特别高兴，因为我知道，妈妈好了。这就是我的妈妈。她精神好的时候会注意到这一切的。

妈妈有良好的生活习惯。生活极有规律，一般不熬夜。总是一大早就起来。她不喜欢年轻人睡懒觉。记得我小的时候，妈妈如果看见我7点钟还睡在床上，她就会一边掀我的被子，一边说，"太阳晒屁股了喽！该起喽！"我就赶快起来。妈妈说清晨是一天最好的时光，不要浪费时间。因此，我从来不敢睡懒觉，久而久之就成了习惯。当学生的时候，我就早起锻炼和朗读英文，教书以后我仍然坚持锻炼，锻炼了身体，锻炼了毅力，争取了时间。真是受益匪浅。我得感谢我的好妈妈。

我们家1955年搬到民族学院家属院和平楼的一套公寓，三室一厅。爸爸和妈妈与我同住。与别人相比他们已经很知足了。80年代，妈妈病后，为了照顾他们，我们这一家就搬回去和他们同住。这样爸爸和妈妈就搬进了一间不到10平方米的小屋，各睡一张单人床，合用一张两屉桌。我和我爱人陈恕住进了爸爸和妈妈的14平方米的卧室，用他们的双人床，儿子每天搭帆布床，睡在客厅。如果客人来得不是时候，我们就得马上催他起来。统战部的领导知道后，想为他们盖一座小楼，妈妈直截了当地问，我们死了以后，那个楼又有什么用呢？他们愿意住在民族学院，因为爸爸有研究生，住在学校辅导起来方便。住学校既安静又有不少老朋友。为了解决住房问题，在民族学院决定给教授盖一栋楼的时候，领导决定给他们两套公寓，把中间的隔墙打通，这样便于我们照顾他们。爸爸和妈妈非常感激领导的关心。他们从来没有不知足过，因为他们没有什么个人欲望。爸爸是1989年9月24日病逝的，根据他的遗嘱，他的书全部捐给民族学院图书馆，他节省的3万人民币捐给学院建立吴文藻人类学奖学金。妈妈是1999年2月28日逝世的，根据她的遗嘱，凡是有她名字落款的书画全部捐给中国现代文学馆，她留下的钱捐给她生前所关心的公益事业和文学创作。

第二是妈妈喜空阔高远的环境，她不怕寂寞，不怕静独。她愿意将自己消失在空旷辽阔之中。因此，一到了野外，妈妈就如同回到了故乡那样的愉快。她不喜欢住在城里，人多的地方，怕应酬。她喜欢大海，因为是大海的辽阔和坦荡陶冶了她，使她的心胸像大海一样宽阔、豁达。

妈妈"自从做了秀才不出门以来"，每天定时坐在书桌前阅读大量的报刊和书籍，早上一大早和午休的时候收听广播，每晚收看电视新闻和一些体育文艺节目。凡是有中国队参加的赛事，她一定看，而且看完。当她看中国女子排球队连获世界杯、世界锦标赛和奥运会的冠军的时候，她激动得热泪盈眶，看完了比赛，妈妈离开电视机，走到书桌旁边，写了这篇《使我感动和鼓舞的女排"三连冠"》。

有时天天有人来看望她，有她的老朋友、燕京的老学生、爸爸的学生们、她的老编辑朋友、中青年作家、中小学教师及他们的学生，不时地还有外国的朋友和记者来看她。她是一个非常好客的人，在她喜欢的朋友面前总是谈笑风生，既幽默又有风趣。她会越谈越高兴，要客人多待一会儿。有的时候她忘记了自己的身体已经承受不了劳累了。她希望通过他们了解天下大事。有一次客人刚走，她就觉得心脏不舒服，把家人搞得好害怕。从此我们就决定对妈妈进行"专制"，对采人限数、限时。

第三是妈妈不喜欢穿鲜艳颜色的衣服，她喜欢黑色、蓝色、灰色、白色。妈妈平时在家，穿着非常朴素。记得在重庆歌乐山，发生多起人们把妈妈当作我家保姆的事情。因为平时妈妈都爱穿用阴丹士林蓝色的布做成的旗袍和黑色的布鞋，而且喜欢自己打扫房间。有一天我听见有人敲门，妈妈去开门，那人从来没有见过妈妈，就问你家的太太在吗？妈妈回答，"我就是"，那人感到非常尴尬。等我们搬到民族学院，只要人们看到妈妈穿上好一些的衣服，他们就会说，"老太太有外事活动啦?"但是在我小的时候，妈妈总给我织鲜红鲜红颜色的毛衣，因为我也喜欢大自然，在野外感到自在，我喜欢在山上跑来跑去，妈妈只要看到了一个小红点在移动，就能把我叫回家。但是在妈妈八九十岁以后，她开始喜欢红色。每次妈妈生日，她都喜欢穿上红色的毛衣，佩上色彩比较鲜艳的披巾，再配上她的白发，我觉得我妈妈是世界上最美丽、最有风度、最有智慧、最可爱的妈妈。

第四妈妈喜欢爽快、坦白、自然的交往。她很难勉强自己做些不愿意做的事，见些不愿意见的人，写一些不愿意写的文章。妈妈不是"任性"，而是一位很有原则又很有理性的人。妈妈平易近人，她一生中有许许多多的朋友，但是她最喜欢的朋友是像巴金舅舅那样的人。妈妈早在30年代就认识了他。我叫他舅舅因为他比妈妈年轻，因为妈妈爱他就像爱她自己的三个弟弟那样。妈妈爱他是因为他为人真诚，他说真话，他有真情，总之他里里外外就是一个真字。他也重诚、重真、重情。尽管他们一个在北京，一个在上海，但是只要有机会，他们总是会互相拜访，因为他们之间有太多的共同语言。巴金舅舅对恋爱和婚姻的态度非常严肃和专一，他是一个爱人类，爱国家，爱人民，一生追求光明的人。他们都关注国家的前途，人民的疾苦，见面的机会不多，但是一直有书信来往，尤其是1980年以后妈妈得了脑血栓又摔坏了右腿，行动不便，只要巴金舅舅来北京，总来看妈妈。他们的友情传递给了第二代，我和李小林成了好朋友，也就很自然的成了父母交流的桥梁。我和小林通电话替老人问候，或传递他们对一些重大事情的看法时，他们是那样的一致，配合的是那样的默契，有的时候，用的语言都一样。

今天是2月20日，离妈妈逝世两周年纪念日仅有8天。我写这篇文章是为了和大家分享我对妈妈的了解，一起来学习她的人品，她对人类的爱。有了爱，就有了一切。

（吴青）